ペトロ

グェルチーノ画

ペトロ

・人と思想

川島　貞雄　著

187

CenturyBooks　清水書院

はじめに

ペトロをめぐって

イエスの弟子の筆頭であったシモン＝ペトロは、イエスの死と復活に関する最古の教会伝承によれば、復活のイエスの顕現《けんげん》に最初に接した（第一コリント一五・五）。こうして彼は、イエスの復活を証言する代表的な使徒として、キリスト教の成立にほかのだれよりも大きな役割を果たすことになる。もちろんそれだけではなく、後のキリスト教の歴史においても、今日にいたるまで、彼の影響は量りがたい。

彼の実名はシモン（ギリシア名。ヘブライ名シメオン）、ペトロ（アラム語ケファ）はイエスがつけた添え名である。新約聖書二七巻のうち九巻が何らかの形で彼に言及している。そのほかにも、一世紀の終わり頃から三世紀にかけて、例えばローマの司教クレメンス（三〇頃～一〇一年頃）、アンティオキアの司教イグナティオス（三五頃～一一〇年頃。二〇六頁以下）、リヨンの司教エイレナイオス（一三〇頃～二〇〇年頃。一九三頁）、カルタゴの司祭テルトゥリアヌス（一五五頃～二二〇年頃。二一五頁）など、正統的教会の指導者、神学者たちはこの使徒を重んじている。

新約聖書外典（一部の教会で聖なる書として読まれていたが、最終的に正統的教会によって信仰の規準つまり正典——四世紀に集成——から外された諸文書）の中にも、ペトロの名を冠した書物が少なくない（『ペトロ福音書』、『ペトロ行伝』、『ペトロと十二使徒の行伝』、『コプト語ペトロの手紙』、『ペトロの宣教』、『ペトロの宣教集』、『ペトロ黙示録』など）。これらのペトロ文書は二世紀から三世紀にかけて成立した。

他方、すでに新約聖書において、ヨハネ福音書は「イエスが愛しておられた」一人の無名の弟子をイエスに対してペトロより近くに位置づけている（二三三頁以下）。さらに新約聖書外典には、ペトロに対抗してイエスの兄弟ヤコブやマグダラのマリアを重んじる記述も見出される。例えば『トマス福音書』（二世紀）によれば、（イエスが去った後に）「誰が私たちの上に大いなる者となるでしょうか」という弟子たちの問いに対し、イエスはヤコブを高く評価し、「あなたがたは、……義人ヤコブのもとに、行くであろう。彼の故に天と地とが生じたのである」と答えている（一二。荒井献訳）。

またこの福音書には、マリハム（マグダラのマリア）を去らせることを主張するペトロに対するイエスの批判的な言葉も収められている。「シモン・ペテロが彼らに言った、『マリハムは私たちのもとから去った方がよい。女たちは命に値しないからである』。イエスが言った、『見よ、私は彼女を（天国へ）導くであろう。……』」（一一四。荒井献訳）。『マグダラのマリアによる福音書』（二世紀）では、復活のイエスから特別に教えを授けられたというマリアの言葉に異議をとなえ、彼女を泣かせてしまったペトロを、弟子仲間のレビがたしなめる。「ペトロよ、あなたは前々から怒りっぽい人だ。……もし救済者が彼女を価値ある人としたのであれば、彼女を拒否するあなたはいったい何者なのか」（一〇・七~九。カレン・L・キング　四一頁）。この福音書と、同じく新約聖書外典の『ピスティス・ソフィア』（三世紀）では「マリアが排他的に復活のイエスによって啓示される『奥義』の伝え手となっている」（荒井献『トマスによる福音書』一五五頁）。

　これらはペトロに依拠して自己を権威づける正統的教会に対する異端的グループからの反論であろう。ここには二、三世紀のキリスト教におけるペトロをめぐる論争の一端を見ることができる。しかしこのような論争があったこと自体が、キリスト教の成立と展開におけるペトロの比類なき地位と影響力を示唆《しさ》している。

ペトロに関する研究書

　したがってペトロについては、当然のことながら、これまで多岐にわたって多くの研究が精力的に行われ、数々の優れた業績が発表されている。特にO・クルマンの『ペテロ　弟子・使徒・殉教者』（原著第二版一九六〇年。荒井献訳　一九六五年）は今なお研究に不可欠な基本的文献である。その後、欧米ではR・ペッシュ（Pesch, 1980）、P・パーキンス（Perkins, 1994）、M・グラント（Grant, 1994）、J・グニルカ（Gnilka, 2002）、M・ヘンゲル（Hengel, 2006）などの著書が出版され、わが国では井上洋治『イエスに魅せられた男』（一九九六年）、小河陽『パウロとペテロ』（二〇〇五年）を読むことができる（巻末の文献表を参照）。だが全体的に見ると、イエスとパウロに関する書物が枚挙にいとまがないほど相次いで出版されているのに比して、ペトロを主題とする著作はそれほど多くない。ペトロはイエスとパウロに挟まれてあまり目立たぬ存在になっている感さえある。右に挙げたヘンゲルの近著には『過小に評価されているペトロ』というタイトルがつけられている。それは、今日の聖書解釈の中で原始キリスト教におけるペトロの歴史的、神学的意義がしばしば不当に低く評価され、同時に、特にパウロとの関係において、ペトロの独自性が十分認められず、調和的に見られている、という著者の思いを表すものである。

歴史のペトロへのアプローチ

だがペトロの「人と思想」について書くことは今日では非常に難しくなっている。それは、新約聖書の批判的研究の結果、この使徒を知るための史料の信憑性《しんぴょうせい》が厳しく問われているからである。パウロの場合と異なり、ペトロ自身が書いた文書は何一つ残っていない。新約聖書の中で、ペトロの手紙二が本人の著作でないことは明らかであるが、ペトロの手紙一についても多くの研究者はこの使徒の筆によるものとは見ていない。

たしかに四福音書と使徒言行録前半はペトロの言動について多く語っている。しかしこれらの書物には教会とそれぞれの著者の関心、思想、主張などが色濃く投影されているので、その記事をただちに歴史のペトロを知るための史料として用いることはできない。パウロも彼の手紙の中で幾度もペトロに言及しているが、それはパウロ自身の視点からの短い記述にとどまっている（一七三、二三八頁）。

　歴史のペトロについて新約聖書の時代に属する諸文書から新たに加えられる信頼できる独立的情報は多くない。例えば、ローマのクレメンスの手紙（九六年頃）とイグナティオスの手紙（一一〇年頃）はローマにおけるペトロの殉教を強く示唆しているが、それはすでに新約聖書からもある程度、推論し得ることである（二〇〇頁）。新約聖書外典の伝説的なペトロ描写が歴史のペトロの史料としてはほとんど役立たないことは言を俟《ま》たない。

　したがって、特に二〇世紀後半から、歴史のペトロ自身ではなく、新約聖書諸文書のペトロ像あるいはその教会史的背景を探ることが研究の主たる関心となってきた。R・E・ブラウン他編『新約聖書におけるペテロ』（原著一九七三年。間垣洋助訳　一九七七年）、T・V・スミス『初期キリスト教におけるペトロ論争』(Smith, Petrine Controversies in Early Christianity, 1985)、P・ドゥシュルニック『新約聖書におけるペトロ』(Dschulnigg, Petrus im Neuen Testament, 1996) がそのよい例である。ペッシュ、パーキンス、グニルカの研究書もそ

大理石の聖ペトロ像　13～14世紀。バチカン

れぞれ新約聖書諸文書その他における多様なペトロ像の論述に多くの頁を割いている。それはたしかに意義深い研究課題である。しかし、史的イエスの探求が史料的困難にもかかわらず、否、それゆえにこそ、精力的に試みられているように、キリスト教の成立に果たした役割とその後の歴史に与えた影響の大きさを考えれば、教会的関心に彩られた新約聖書諸文書の多様なペトロ像にとどまらず、それらをふまえて、その背後にある彼自身の史的実像にアプローチすることが絶えず求められる。クルマン、井上洋治、小河陽、ヘンゲルの著作はそれぞれこのテーマと取り組んでいる有意義な文献である。

本書の試み

本書は、右に述べた状況の中で、先行研究の助けを借りて、イエスに従うペトロの生と死をその時代背景と共にいわばデッサン風に描き出そうとする一つの試みである。ペトロを語るときにしばしば問題になる彼の墓の所在にも触れた。最後に補遺として、第二部第二章までの記述との部分的な重複を厭《いと》わずに、新約聖書諸文書のペトロ像の特色を短く述べる。

聖書の引用は原則として『聖書　新共同訳』（日本聖書協会　一九八七年）によったが、多少変更を加えた個所もある。福音書の章節の下に付されている「並行」は、他の福音書における並行個所を指す。例えば「マルコ八・三一並行」はマルコ八・三一とその並行個所マタイ一六・二一、ルカ九・二二を意味する。

固有名詞の表記も、書名、引用文の場合を別にして、基本的に『聖書　新共同訳』に従った。「ペトロ」は『聖書　新共同訳』における表記である。「ペトロ」については従来一般的であった「ペテロ」が用いられている文献もある。

文中で引用あるいは言及されている文献には、著者名のみを挙げているものがある。巻末の文献表を参照していただきたい。

なおヨセフスの『ユダヤ戦記』は『戦記』、『ユダヤ古代誌』は『古代誌』、『アピオンへの反論』は『アピオン』と略記した。

目次

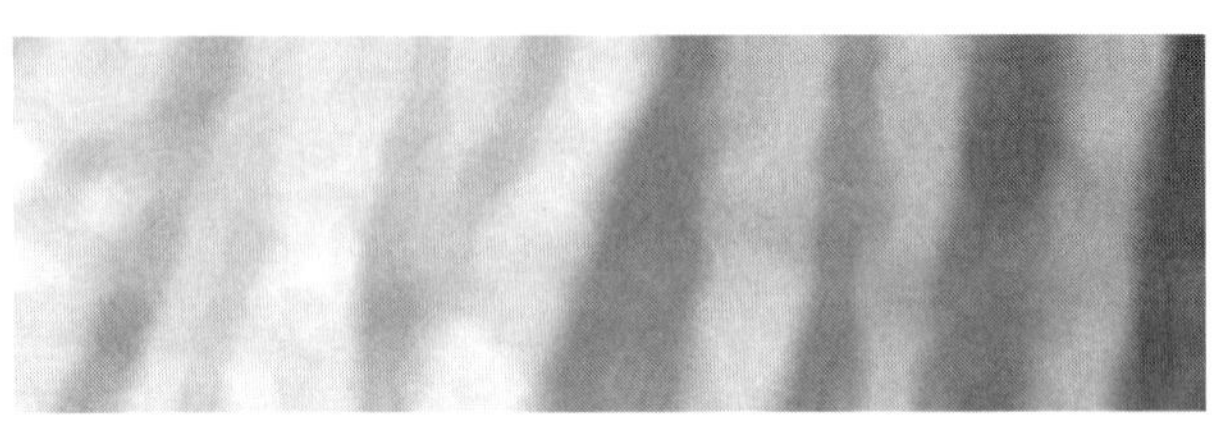

II　イエスに従う

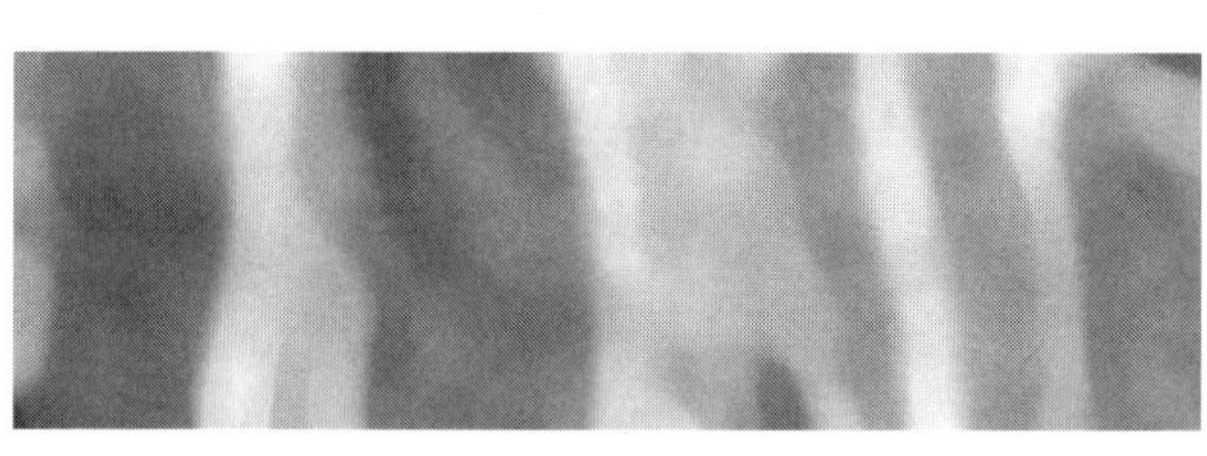

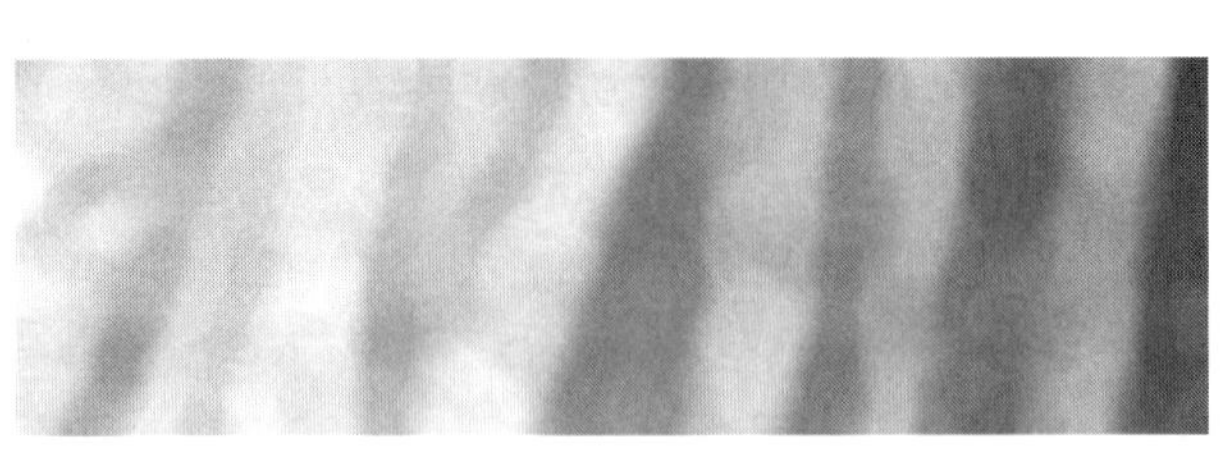

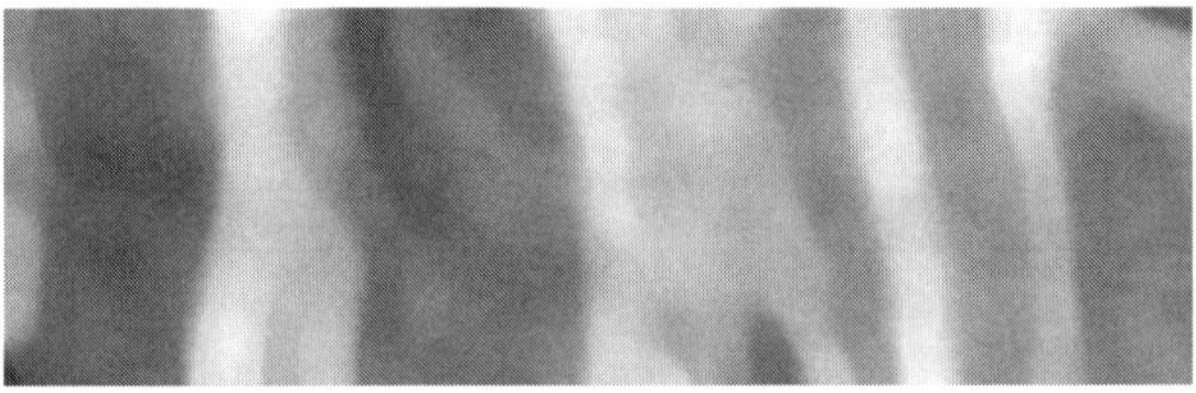

ペトロの時代のパレスチナ

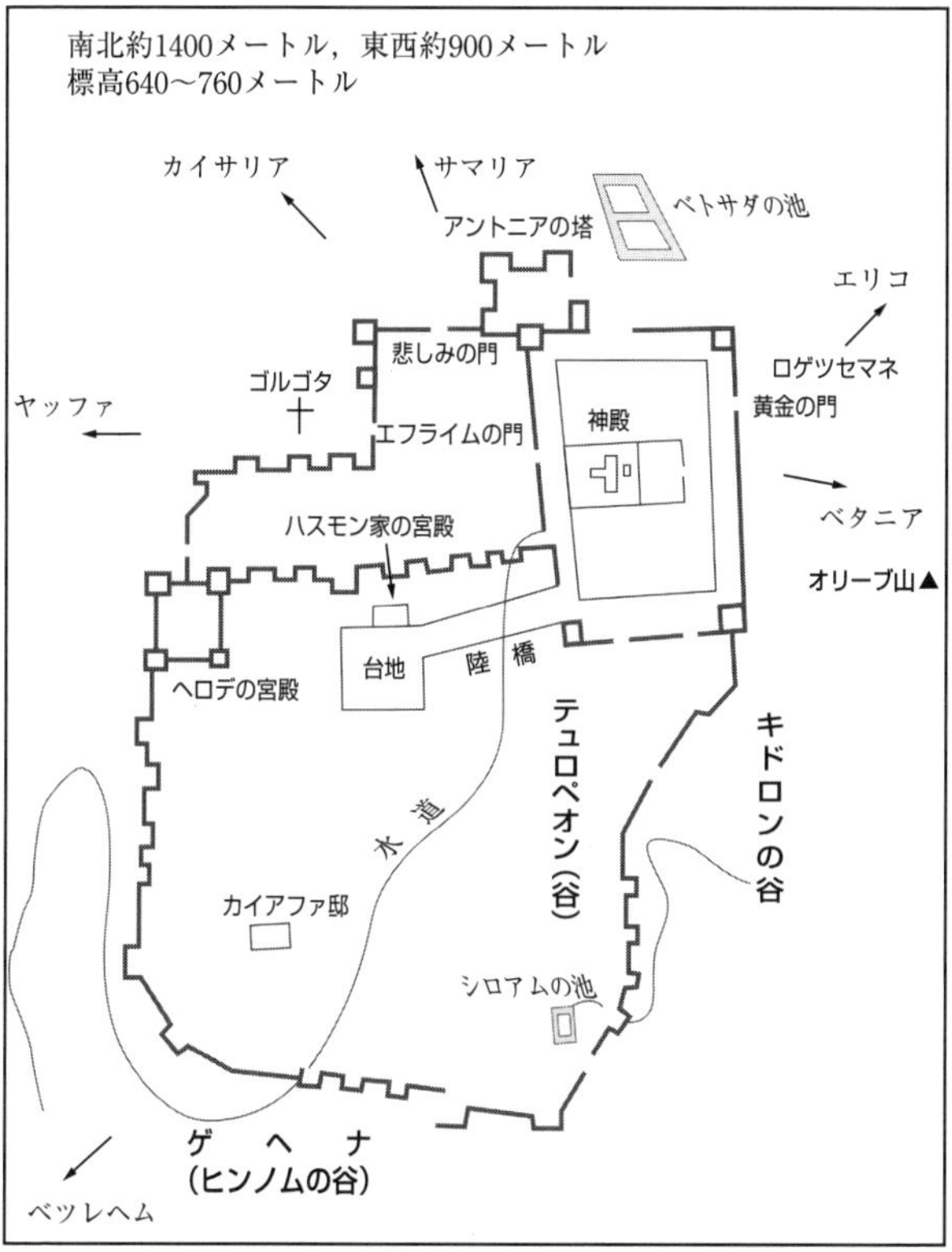

ペトロの時代のエルサレム略図

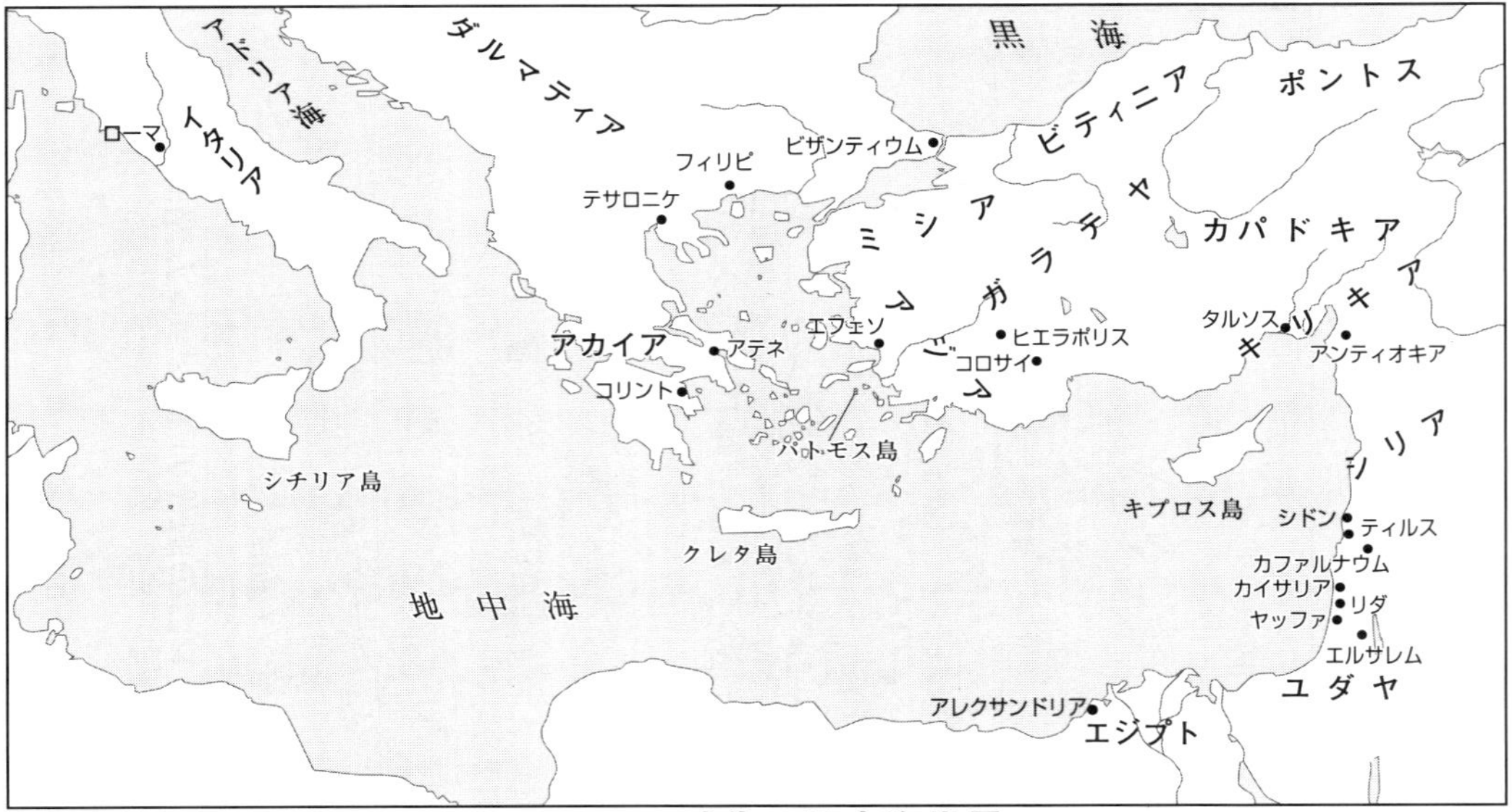

ペトロの時代の地中海世界

I 活動の背景

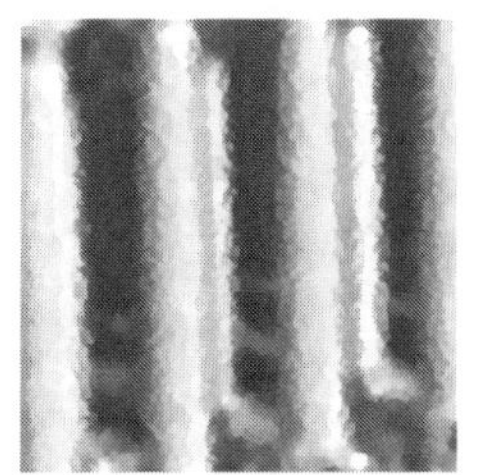

第一章　ペトロの世界

一　ローマ帝国

ローマの統治

ペトロはパレスチナ北部、紺碧の水をたたえたガリラヤ湖の北端に近いベトサイダ（四六頁）出身のユダヤ人である。その生年は不詳であるが、二九年頃ガリラヤで起こったイエスの運動に参加し、イエスの十字架刑（三〇年）から間もなくしてエルサレムに成立した教会において、最初の一〇年余り、指導的な役割を果たした。その働きはサマリア、地中海地方にも及んだ。四二年頃にエルサレムを離れた後は（一六六頁以下）、おそらくシリア、小アジア（アジア大陸の西部にある半島＝アナトリア半島。ほぼ現在のトルコ共和国に当たる地域）、さらにその西方で活動し、最後にローマに赴き、ネロ帝（在位五四～六八年）のキリスト教徒迫害の中で殉教の死を遂げたものと思われる（おそらく六四年。一九九頁以下）。

当時、パレスチナを含め、地中海世界はローマの支配下にあった。地中海はローマ人のいわば内海であった。「すべての道はローマに通ず」と言われているように、ローマを中心に帝国内の道路は整備されていた。海上の交通も発達し、地中海には、海が荒れる冬を除いて、船舶が頻繁に往来していた。帝国内の交通網の発達はペトロやパウロなどの伝道旅行を比較的容易にし、初期キリスト教の発展を助けたにちがいない。しかしパウロの手紙から容易に推測することができるように（第二コリント一一・二五～二七）、その旅にはやはり大きな困難と危険が伴った。

イエスは前四年頃、ローマ帝国初代皇帝オクタヴィアヌスの時代（在位前二七～後一四年）に生まれた。彼は長い間続いた内乱に終止符を打ち、「ローマの平和」（Pax Romana）をもたらし、前二七年、元老院から「アウグストゥス」の尊称を与えられた。「尊厳者」というほどの意味で、神に用いられた尊称でもある。彼は「ローマ第一の市民」として絶大な法的・政治的権力を握った。

アウグストゥス　バチカン美術館

こうしてローマの政治形態は、共和政の形をとりながらも、実際は元首政であったと言える。

アウグストゥスは属州を元老院管轄の属州と元首直属の属州に区分した。前者はイタリア周辺の比較的治安の良い属州で、総督の任期は通例一年であった。後者は辺境の属州で、総督には任期がなく、イエスに十字架刑の判決を下したポンティウス＝ピラトゥスの在任期間は一〇年であった（二六～三六年）。

属州とは別に、ローマ帝国の保護のもとに藩属王国が存在した。それは内政に関しては広く自治権を認められていたが、独自の外交を展開することは許されず、帝国の要請に応じて軍事的協力をなす義務を負っていた。ベツレヘムの幼児虐殺《ぎゃくさつ》（マタイ二・一六～一八）で知られるヘロデ大王の王国も藩属王国の一つであった。

皇帝礼拝

ローマ帝国東部の多くの地域で、アウグストゥスの即位は神の顕現《けんげん》として歓迎された。だが支配者の神格化は元来ローマ人の伝統にはなく、それは古代オリエントからヘレニズム諸国を経てローマ帝国に入ってきたのである。一世紀の皇帝たちの中でみずからの神格化を要求したのはガイウス（在位三七～四一年。カリグラは綽名《あだな》。「小さな軍靴《ぐんか》」の意味）と、みずからを「主にして神」と呼ばせたドミティアヌス（在位八一～九六年）だけである（スエトニウス『ローマ皇帝伝』八「ドミティアヌス」一三）。後一世紀のユダヤ人歴史家ヨセフスによれば、ガイウスはこともあろうにエルサレム神殿の境内に己《おのれ》の像を建てようとし、ユダヤ人の決死の抵抗にあった。彼らには、自分たちの神ヤハウェ以外のものを神とすることも、神の像を造ることも、モーセの十戒《じっかい》によって厳しく禁じられている（出エジプト記二〇・三～四）。神格化されたローマ皇帝の像を聖なるエルサレム神殿の境内に建てることは、彼らにとっては冒瀆《ぼうとく》の最たるものであった。ユダヤ人の宗教感情を逆なでするこの企《くわだ》ては、四一年、ガイウスが近衛《このえ》軍の将校によって暗殺されたために挫折し、ユダヤ人もローマ人も流血の大惨事を免《まぬか》れることができた（『古代誌』一八・二六一～三〇九、『戦記』二・一八四～二〇三。なお当時のユダヤ人思想家アレクサンドリアのフィロンの著『ガイウスへの使節』一八八、二〇七～二〇八）。

この頃ペトロは成立後まもないエルサレム教会でなお指導的な役割を担っていた。右に述べたガイウスの企ては、エルサレムの教会にとっても、とうてい容認できるものではなかったにちがいない。しかしガイウス像の危機に聖都の教会が実際にどのように反応したかを知る術《すべ》はない。

皇帝礼拝は帝国にとって重要な政治的意義を担っていた。それは帝国に対する忠誠の印としてその支配下にある諸民族に義務づけられたのである。しかし旧約聖書に基づいて唯一神教の伝統に立つユダヤ教徒とキリスト者には、それは根本的に受容できないことであった。当時、ユダヤ教はローマ帝国の公認の宗教で、ユダヤ人たちは皇帝礼拝を免じられていた。彼らはアウグストゥス以来、ローマと皇帝のために日々犠牲を捧げることによって、ローマと皇帝に対する忠誠を表していたが（『アピオン』二・七七、フィロン『ガイウスへの使節』一五七、三一七）、対ローマ戦争（ユダヤ戦争）勃発の前年（六五年）、民衆の反ローマ感情が高まる中で、エルサレム神殿の祭司たちはその犠牲を中止した。ヨセフスはこのことがユダヤ戦争の原因となったと述べている（『戦記』二・四〇九）。

一方、ドミティアヌス帝の時代に、皇帝の神格化を拒否するキリスト者は、特に小アジアにおいて激しい迫害にさらされた。しかし後述するように（一九八頁）、ネロ帝のキリスト者迫害においては皇帝礼拝は問題となっていなかった。

二　ローマ人支配下のパレスチナ

ヘロデとその息子たち

すでに前六三年にエルサレムはローマの将軍ポンペイウスによって占領され、パレスチナはローマの属州シリアに編入された。その後、前四〇年にパレスチナ南西部に位置するイドマヤの出身者ヘロデが元老院の決議によってユダヤの王に任命されたが、彼が死ぬと（前四年）、パレスチナは皇帝アウグストゥスの承認のもとに大王の三人の息子によって分割統治されるようになった。アルケラオスが民族指導者としてユダヤとサマリア、イドマヤを、ヘロデ＝アンティパスが分封領主としてガリラヤとトランスヨルダン（ヨルダン川東方）地方のペレアを、フィリポが同じく分封領主としてトランスヨルダンの北部地域を治めた。

マルコ、マタイ、ルカの三福音書によると、イエスと弟子たちの宣教は主としてガリラヤで行われた。分封領主ヘロデはユダヤ教の律法（四〇頁以下）を無視して意のままに振舞《ふるま》った。異母兄弟の妻ヘロディアを妻にするという不法な結婚（レビ記一八・一六）を洗礼者ヨハネ（三八頁以下）から批判されると、彼を投獄し、ついにヘロディアとその娘の願いを聞き入れて処刑してしまったと

この人を見よ　イエスとピラトゥス。ヨハネ福音書19，5。マサイス、1520年頃。マドリード、プラド美術館

伝えられている（マルコ六・一四以下並行）。一方ヨセフスは、ヘロデがヨハネを処刑したのは民衆に対する洗礼者の影響力が大きかったからであると報じている（『古代誌』一八・一一～一一九）。その処刑には結婚批判と民衆の人気という二つの理由が重なったのかもしれない。ガリラヤで民衆の人気を集めたイエスと弟子たちの運動もヘロデから危険視されたにちがいない。彼はイエスを無きものにしようとした（ルカ一三・三一）。イエスの裁判の過程で、ピラトゥスから送られてきたイエスをヘロデは嘲《あざけ》り、侮辱し、総督のもとに送り返したと言われている（ルカ二三・六～一二）。その後一〇年を経ずして、彼は皇帝ガイウスにより謀反《むほん》のかどでガリアに追放された（三九年）。アルケラオスも悪政を行った。アウグストゥスはサマリア人とユダヤ人の訴えを聞き入れ、彼をガリアのウィエンナ（ウィーン）に追放した（六年）。

総督ピラトゥス

その後アルケラオスの領地は皇帝直属の属州（ユダヤ州）として総督の統治のもとに置かれる。イエスを裁き、十字架刑に処した第五代総督ピラトゥスは、収賄《しゅうわい》、暴力行為、強奪、裁判手続きなしの処刑などで悪名高い反ユダヤ主義者でもあった（フィロン『ガイウスへの使節』三〇二）。皇帝「ティベリウス（在位一四～三七年）の下ではすべて平穏であった」というタキトゥスの言葉は（『歴史』五・九）、この時代のユダヤには当てはまらない。

ピラトゥスは、おそらく着任（二六年）直後に、カイサリアからエルサレムに軍隊を移動させる際、軍旗につけられているローマ皇帝の胸像を故意に市中に持ち込ませたが、ユダヤ人の命がけの抵抗に驚き、ついにその像をエルサレムから撤去させた。また、神殿の宝物の一部をエルサレムの水道管工事の費用に当て、それに抗議するユダヤ人群集の騒動を武力によって鎮圧し、多数の死傷者を出したという（『古代誌』一八・五五～六二、『戦記』二・一六九～一七七。ルカ一三・一参照）。後に彼は、サマリア人たち（三七頁）が一人の預言者の言葉を信じて聖なる什器《じゅうき》を見るために集団でゲリジム山に登ろうとしたとき、反乱を恐れ、彼らを虐殺した。このことで彼はサマリア人からシリア州知事ヴィテリウスに告発され、失脚した（三六年。『古代誌』一八・八五～八九）。

最高法院

ユダヤではユダヤ人の自治がある程度まで認められていた。大祭司はエルサレム神殿の祭儀を監督するだけでなく、ユダヤ人の自治組織である最高法院（サンヘドリン）の議長でもあった。それは議長のほかに祭司長、有力な家族の家父長である長老、律法学者七〇人の議員から構成され、宗教生活を監督し、裁判権と警察権を行使した。だが死刑の執行権は総督にあった（ヨハネ一八・三一）。最高法院はエルサレム神殿の「切石の間」を議場としていたが、福音書によれば、逮捕されたイエスは大祭司の屋敷に連行され、そこにおいて最高法院の審問により死に値するものとされ、総督ピラトゥスに引き渡された。ペトロがイエスを否認したのはその中庭であった（一三二頁）。しかし後に、エルサレム教会の指導者となったペトロは、伝道活動のゆえに逮捕されたとき、最高法院の審問に対して、イエスが唯一の救済者であることを大胆に証言したという（使徒四・五〜二〇、五・二七〜三二）。

再びヘロデ家の王たち

四一年から四四年までの短い間、パレスチナは段階的に再びヘロデ家出自の王の支配下に置かれるようになる。すでに三七年頃ガイウス帝はヘロデ大王の孫であるヘロデ＝アグリッパ一世をトランスヨルダン地方北部の王に任命し、四〇年にはガリラヤ、トランスヨルダン地方のペレアをその王国に加えた。その後、四一年にクラウディウス帝（在位四一〜五四年）がこの王にユダヤ、サマリアをも与えたので、彼はかつてのヘロデ大王の王国全体を統治するにいたった。

アグリッパ一世はユダヤ人には律法に忠実な王として振舞い、律法学者やファリサイ派の人々から称賛された。そしてユダヤ人――特に、律法に熱心な者たち――の歓心を買おうとして、エルサレムの教会を迫害した。イエスの弟子であった十二人（七七頁以下）の一人ゼベダイの子ヤコブを剣で殺し、続いてペトロを投獄したのもそのためである（使徒一二・一〜四。一六六頁）。しかし他方、この王は親ローマ的、ヘレニズム的傾向をも示し、非ユダヤ人である住民には神的な王のような態度で臨んだ（使徒一二・二〇〜二三）。

四四年、アグリッパ一世が急死すると、パレスチナはローマのシリア州に編入され、再び総督の統治下に置かれた。数年後、アグリッパ一世の息子ヘロデ＝アグリッパ二世がクラウディウス帝からエルサレム神殿の管理権と大祭司の任命権を得た（四九年頃）。初代教会の歴史においてきわめて重要な意味を持つエルサレム会議（四八年頃）が開かれたのはその時代であった（一六一頁以下）。その後、アグリッパ二世はクラウディウス帝からかつてのフィリポの全領土を与えられ（五三年）、さらにネロ帝から以前ヘロデ＝アンティパスに属していた領土の一部を与えられたが（六一年）、パレスチナにおけるローマ総督の統治は続いた。使徒言行録にはユダヤ人から訴えられたパウロを審問した総督としてフェリクス（在位五二〜六〇年）とフェストゥス（在位六〇〜六二年）が登場する（二四〜二六章）。

アグリッパ二世の時代にパレスチナのユダヤ人の反ローマ感情は激しさを増し、ついに六六年、彼らはローマ人に対して大反乱を起こす（三〇頁以下）。ペトロはおそらくその二年前にすでにローマで殉教の死を遂げていたであろう。この大反乱について述べる前にその要因の一つとなったパレスチナのユダヤ人の経済的状況に触れておこう。

三　パレスチナ‐ユダヤ人の経済生活

ヨセフスはガリラヤを全土が肥沃《ひよく》で数々の作物の収穫が可能な地、あらゆる樹木に恵まれた緑ゆたかな地として描いている（『戦記』三・四一～四四）。

富める者と貧しい者

ペトロの時代、ガリラヤのユダヤ人住民の中にはもちろん水産業、機織業、染物業、皮革製造業、製陶業などさまざまな職業に従事する者たちがいたが、大部分は農民で、農業が彼らの経済の基盤であった。しかし農地は広い範囲にわたって王家やエルサレムその他の大都市に住む富裕層が所有し、農民の多くは小作人あるいは日雇い労働者であった。すでに前六三年にパレスチナがポンペイウスによってローマの支配下に置かれた後、地中海沿岸地域とトランスヨルダンの多くの土地がユダヤ人入植者から収用され、このためガリラヤの小作人の数は著しく増加したと言われる。小作人は高い賃貸料のゆえに貧しい生活を強いられた。それに、人口の過剰が耕地面積の不足をもたらし、天候の不順も農民の生活を脅《おびや》かした。こうして負債が嵩《かさ》み、その重圧に耐えられず、農地を手離し、日雇いの農場労働者になる者たちも数を増していった。

重税の圧迫

しかも、ローマ帝国とユダヤ当局による支配の二重構造の中で、住民はその両方に税を納めなければならなかった。ローマの総督は彼らに土地税、人頭税などの直接税と、国境の関税、通行税などの間接税を課した。ローマの歴史家タキトゥスはその著『年代記』の中で、ティベリウス帝の時代に「属州シュリアとユダヤは、重税に疲れ、租税の軽減を訴えていた」と述べている（二・四二。国原吉之助訳）。皇帝の金庫に納められるべきこれらの税とは別に、ヘロデ家も独自の金庫を持ち、領地で土地税、人頭税、漁業税など、種々の税を徴収した。そのほかにユダヤ人は、律法に基づき、神殿の務めに携《たずさ》わる部族であるレビ人と祭司のために地の産物の十分の一を納めることになっていた（民数記一八・二一～三二、申命記一二・一七、ネヘミヤ記一〇・三八以下）。この「十分の一税」に加えて、二〇歳以上のユダヤ人男子は一年に半シェケルの神殿税の納付を義務づけられていた（出エジプト記三〇・一一～一六）。当時、半シェケル（二デナリオンに相当）は通常労働者のほぼ二日分の賃金であった。福音書には、ペトロがイエスの指示に従ってガリラヤ湖で釣り上げた魚の口に一枚のスタテル銀貨（一シェケルに相当）を見つけ、それをイエスと自分の神殿税に当てたというエピソードが伝えられている（マタイ一七・二四～二七。二二一頁）。その魚は「ペトロの魚」あるいは「ペトロのスズメダイ」といわれ、体長は二〇センチほどである。口に稚魚《ちぎょ》を住まわせるが、それが大きくなると、口の中に小石や貨幣などを入れて追い出す習性があるという。しかしこの物語の伝承は、七〇年の神殿崩壊以前に、ユダヤ教社会の中で生きるために神殿税を納め続けていたエルサレムのユダヤ人キリスト教会で成立したものであろう。

税の重荷に苦しむパレスチナのユダヤ人は、クラウディウス帝の時代、おそらく四七年頃、大飢饉に見舞われ、エルサレムには多くの餓死者が出た（使徒一一・二八、『古代誌』二〇・五一、一〇一）。そのときエルサレムのキリスト者たちにシリアのアンティオキアの教会から援助の手が差し伸べられた（使徒一一・二九～三〇）。その後、異邦人（ユダヤ人でない者たち）への使徒パウロも彼の伝道圏の諸教会でエルサレムの貧しい信徒たちのための募金に力を注いだ（ガラテヤ二・一〇他。一七一頁）。

いと小さき者たち

重税や負債に苦しむ民衆の中には、生まれ故郷を捨てて外国に移住する者たち、宗教運動や反ローマ抵抗運動に走る者たちがいた。物乞いや放浪者、盗賊になってしまう者も少なくなかった。エルサレムから諸地方に向かう道路には、いくつもの追剥《おいは》ぎの群れが旅行者を待ち伏せる。有名な「善いサマリア人」の譬《たと》えはその時代のユダヤ人には現実味を帯びた話であったにちがいない（ルカ一〇・二五～三七）。イエスの譬えには、当時の社会にしばしば見られた失業者（マタイ二〇・一～一五）、飢えている者、放浪している者（マタイ二五・三一～四六）、土地所有者に反逆する小作人（マルコ一二・一～一二）が登場する。その社会の中で神の国の福音を伝えるイエスの言葉には、貧しい者たちへの配慮と慰《なぐさ》め（マタイ二五・三一～四六、マルコ六・三四～四四、ルカ六・二〇～二二）、富者に対する批判と警告（マタイ一九・二一～二三、ルカ六・二四～二五、一六・一九～三一）が目立つ。

　事実、イエスに従った者たちの中には、目が見えないバルティマイのように道端に座って物乞いをしていた者もいる（マルコ一〇・四六～五二）。だが「網を捨てて」（マルコ一・一八）イエスに従ったガリラヤ湖の漁師ペトロを貧しい人々の中に数えることはできない。彼は経済的に生活を脅かされていた「最も小さい者の一人」（マタイ二五・四〇）ではなかった（五八頁以下）。彼はその人たちに神の国の救いを約束するイエスの伝道に参加したのである。

四　熱心党の運動

ユダヤ戦争とその後

総督ピラトゥスは三六年に失脚したが（二四頁）、その後も総督たちの悪政とローマ兵の侮辱的な振舞いはユダヤ人民衆の反ローマ感情をますます刺激した。例えば総督フェリクス（二六頁）についてタキトゥスは「彼は奴隷の本性をもって王の権力を行使し、残忍と情欲のかぎりをつくした」と言っている（『歴史』五・九）。

　ついに六六年、ユダヤ人は熱心党（ギリシア語ゼーロータイ）の指導のもとにローマに対して反旗を翻《ひるがえ》し、エルサレム全市をローマ人の手から解放した。しかし聖都は反攻に転じたローマ軍によって攻略され、七〇年、激しい市街戦の中で神殿が焼き払われてしまった（『戦記』六・二四九以下）。そして七三年に、ユダヤ人の最後の砦《とりで》であった、死海西岸から二キロメートルほどのところに位置するマサダの要塞が陥落し、戦争は終結した。この戦争は、勝利者であるローマ人の側から見て、ユダヤ戦争と呼ばれている。

エルサレム神殿の崩壊はユダヤ教に大きな変化をもたらした。聖都は再びローマ人の支配下に置かれた。それまで律法と並んでユダヤ教の本質をなしていた神殿における犠牲の祭儀はもはや不可能となり、それと共に祭司階級は没落したが、他方、律法学者たち（四〇頁）は聖都を離れ、そこから西北西、地中海沿岸地方の町ヤムニア（ヘブライ語ヤブネ）にユダヤ教の新しい中心として最高法院を設けたのである。こうしてユダヤ教は今やまったく律法の書の宗教となり、ファリサイ派（三四頁）の律法学者がその主流をなすにいたった。マタイ福音書（二三章など）やヨハネ福音書（九章など）には、その新体制のユダヤ教と成長しつつあるキリスト教会との激しい対立が反映されている。

最初の教会史家といわれるカイサリアのエウセビオス（二六三頃〜三三九年）によると、キリスト教会は参戦しなかった。信徒たちは戦争が始まる前に（あるいはエルサレム攻囲の前に）首都を離れ、ヨルダン川東方の町ペラに退去した（『教会史』三・五・三）。一方、エウセビオスは戦後のエルサレムにおける教会の存在をも報じている（同三・一一・一）。

しかしその後、ハドリアヌス帝（在位一一七～一三八年）の時代に、ユダヤのユダヤ人キリスト者は再び大きな苦難を経験しなければならなかった。一三二年、メシアを名乗るバルコホバの指揮のもとにユダヤ人は再びローマに対して反乱を起こし、一時的にエルサレムをローマ人から解放したが、やがてバルコホバは戦死し（一三五年）、聖都はローマの植民地コロニア・アエリア・カピトリーアとなり、ユダヤ人の立ち入りは禁じられた。律法学者たちもこの戦いに参加したが、バルコホバをメシアと認めないキリスト者は激しく迫害された。「ユダヤ人反逆の領袖《りょうしゅう》バルコクバ（＝バルコホバ）は、キリスト教徒にかぎって――イエス・キリストを否定し呪《のろ》った場合を除き――残虐な刑に処せと命じていたのです」（ユスティノス『第一弁明』一・三一・六。柴田有訳）。

熱心党の主張

ユダヤ戦争で指導的な役割を担っていた熱心党の運動は、すでに後六年、アルケラオスが追放されてユダヤが再びローマの属州となったときに（一三頁）、税額査定のために実施された人口調査に反対して抵抗運動を起こした「ガリラヤ人ユダ」に始まる（使徒五・三七、『戦記』二・一一八）。その根本精神は神と律法に対する熱心である。ローマ皇帝への納税は皇帝を主と認めることであり、「あなたには、わたしをおいてほかに神があってはならない」（出エジプト記二〇・三）というモーセの十戒の第一戒に反する、と彼らは主張した。そして荒れ野の多くの洞穴を拠点とし、異教徒や律法を破るユダヤ人に対し武器を手にして戦った。彼らにとってそれは終末における神の支配の実現に仕える「聖戦」であった（M・ヘンゲル『ゼーロータイ』二五二頁以下）。

熱心党の運動における社会的、経済的要素も見逃してはならない。彼らはユダヤ戦争のときにエルサレムの上町を占領すると、高利貸しの証文を消滅させて借金の取り立てを不可能にするために、市の記録保管所に火を放った（『戦記』二・四二七）。反乱の指導者の一人シモン＝バル＝ギオラはユダヤ人奴隷の解放を宣言した（同四・五〇八）。こうして熱心党の運動は地方の民衆の支持を得たのである。

ペトロは熱心党員であったか　福音書はイエスの十二弟子の中に、シモン＝ペトロとは別に、「熱心党のシモン」と呼ばれる男がいたと報じている（マルコ三・一八）。彼はかつて熱心党に属していたのか。あるいはこれは彼の激しい性格のゆえの添え名であったのか。ある学者はペトロもかつては熱心党の一人であった可能性を指摘している。マタイ一六・一七で彼の名前シモンに付されているアラム語バルヨナは「ヨナの子」ではなく、テロリストというほどの意味であるかもしれない、というのである（O・クルマン『ペテロ』二三〜二四頁）。しかし七〇年以前にユダヤ人反乱者たちがバルヨネ（バルヨナの複数形。「無法者」の意）と呼ばれていたかどうかは定かでない。いずれにせよ、カファルナウムで家と舟と漁具を所有して漁業を営むペトロの姿には荒れ野の「無法者」を連想させるものはない（M・ヘンゲル『ゼーロータイ』四七頁以下、三九四頁　注二五二）。

五　ユダヤ教諸派

一世紀のユダヤ教はけっして一枚岩ではなかった。ヨセフスはヘレニズム世界の読者に対し、ユダヤ人の間にファリサイ派、サドカイ派、エッセネ派の「三つの哲学の派」があると述べ（『戦記』二・一一九）、前述した熱心党を「哲学の第四の派」として説明している（『古代誌』一八・二三）。

ファリサイ派

ファリサイ派の起源はハシディーム（「敬虔《けいけん》な者たち」を意味するヘブライ語）の運動に遡《さかのぼ》る。ハシディームは律法の厳格な遵守《じゅんしゅ》を旨とし、前二世紀にシリアの王アンティオコス四世によるユダヤのヘレニズム化政策に抵抗して戦った者たちである。ファリサイ派は律法——とくに祭儀的清浄と十分の一税（二八頁）の規定——を厳格に守った（マタイ二三・二三、マルコ七・三〜四、ルカ一八・一二）。清浄規定は、衛生的あるいは道徳的な意味ではなく、宗教的・祭儀的な意味で、神の前での清浄について定めた規定である。清いものと汚《けが》れたものを区別し、清めの儀式についても定めている（レビ記一一〜一六章他）。汚れている者は、汚れが清められるまで、祭儀をとおして神と交わることが許されない。

ファリサイ人の多くは職人、農民、商人などの一般信徒であったが、律法を無視する者あるいは律法に無知な者、律法を守り得ない者を「地の民」と呼んで蔑《さげす》み、祭儀的な汚れを恐れてその人々から遠ざかった（マルコ二・一五〜一七、ルカ一五・二、ヨハネ七・四九）。ファリサイ（ヘブライ語パルーシーム）という名は、一般に考えられているように「分離された者たち」を意味するとすれば、祭儀的に汚れたものから離れるという意味で外部の者たちからつけられた綽名であろう。このグループは旧約聖書の掟だけではなく、それに基づいて律法学者たちが定めた「昔の人の言い伝え」をも固く守り（四〇頁）、死者の復活も信じた。彼らはゼーロータイ的軍事行動ではなく神の直接介入によるイスラエルの復興を期待し、ユダヤ戦争に際しても当初は武装蜂起に賛成しなかったが、それを阻止することができず、ついに彼らの多くが参戦するにいたった。

サドカイ派

サドカイ派はエルサレムの祭司的貴族や富裕な地主などの特権階級の出身者から成っていた。その名前はかつてダビデ王（在位前一〇〇〇頃〜前九六五年）、ソロモン王（在位前九六五〜前九二六年）のもとで大祭司の職にあったツァドクに由来する。この派は、ファリサイ派とは異なり、モーセ五書（創世記、出エジプト記、レビ記、民数記、申命記）のみを権威として認め、死者の復活も天使や悪霊の存在も信じなかった（マルコ一二・一八〜二七、使徒二三・八）。

彼らはその時々の政治的権力者との妥協をはかる現実主義的路線をとったが（権力者も彼らの中から大祭司を任命した）、ユダヤ戦争の結果、エルサレム神殿の崩壊（三一頁）と共に歴史の舞台から姿を消してしまった。

エッセネ派

エッセネ派は聖書においてはまったく言及されていない。その名前の起源については諸説があるが、「敬虔な者たち」を意味するアラム語ハサイヤーに由来するとすれば、彼らはファリサイ派と同じ精神的土壌から生じたと言える。しかしエッセネ派は村落で共同生活を営み、ファリサイ派よりも厳格に律法を遵守した。彼らは基本的にはエルサレムの神殿を祭儀の場として認めたが、それは汚されていると考え、そこで行われる祭りには参加しなかった。ヨセフスはヘレニズム世界の読者に対し、エッセネ派がギリシア人のように霊魂の永遠不滅を信じ、肉体をあたかも霊魂の牢獄のように見なしていたと説明している（『戦記』二・一五四～一五五）。彼らの多くがユダヤ戦争に参加し、その戦いの艱難《かんなん》の中で宗団は没落した。そのとき彼らは敵から拷問を受け、生命を脅かされても律法を守り、律法で禁じられた食物を口にすることはなかったという（同二・一五二）。

クムラン宗団

死海の北西岸から一キロメートル足らずの砂漠の丘陵地帯クムランで修道院的生活を営んでいたこの宗団は、エッセネ派と同一であったか、あるいは少なくともそれに近似したグループであった。このグループは前二世紀、律法を厳格に守っていないエルサレムの大祭司と祭司長たちに対立し、エルサレムを離れた「義の教師」によって創設、指導されたものと思われる。その中心的理念は律法の要求をすべて満たし、神の前に完全な者として歩むことである（『宗規要覧』一・一一〜一八）。とりわけ祭儀的浄・不浄に関する戒《いまし》めが特に厳しく解釈され、遵守された。

この宗団を強く支配していた終末期待は、光と闇、真実の霊と不義の霊の二元論によって特色づけられている。終末の時にクムラン宗団の構成員である光の子らが神に敵対する天使ベリアルの率いる闇の子らに対して最終的に勝利を収め、神の支配が実現する。その時まで真実の霊と不義の霊は人間の心の中で争い続けるが、この抗争の中で人間は責任ある主体として正しい道に立ち帰るように呼びかけられる（同三〜四章）。彼らは六八年、ユダヤ戦争のさなかにローマ軍の前に滅亡した。

サマリア人

当時パレスチナには、ヨセフスのいう哲学四派とは別に、エルサレムを中心とするユダヤ人共同体に対抗する形で、サマリアのゲリジム山を聖所とするサマリア人共同体があった。それは今日まで存続している。彼らはモーセ五書の独自の校訂版（サマリア五書）だけを聖書として認め、その規定を厳格に守った。彼らにとってはモーセが唯一の預言者である。後の史料によると、終末には「ターヘーブ」と呼ばれる「モーセのような預言者」の到来が期待されていた。ターヘーブは「（万物の）回復者」、「（祭儀の）復興者」、「（悔い改めに）連れ戻す者」あるいは「再来者」の意味に解釈されている。ターヘーブが死ぬと、死者の復活と最後の審判という終末の出来事が起こる。

サマリアはユダヤとガリラヤの間に位置したが、ユダヤ人とサマリア人は激しい敵対関係にあり、ユダヤ人の間で「サマリア人」という言葉は異端者と同義に使われた（ヨハネ八・四八）。このような敵対関係を越えて、イエスはサマリア人を真の隣人愛の模範として示し（ルカ一〇・二五〜三七）、後に初代教会の伝道はこのサマリア人にも及んだ。使徒言行録はペトロもヨハネと一緒にサマリアで福音を告げ知らせたと報じている（八・四以下。一五七頁）。

洗礼者ヨハネ

このように一世紀のパレスチナの多彩な宗教的模様の中で、ひときわ目立つのが洗礼者ヨハネである。彼は荒野で禁欲的生活を送る預言者であったが（マタイ一一・一八、マルコ一・六）、ヨルダン川でユダヤ人たちに終末の審判が近いことを告げて悔い改めを迫り、罪の赦《ゆる》しを得させる洗礼をほどこした（マルコ一・四〜五）。悔い改めとは全存在をもって神に立ち帰り、神に従って生きることを意味する。洗礼者は神の裁きに備えて悔い改めの実を結ぶこ

ヨルダン川ヤルダニット洗礼所　ガリラヤ湖から南へ約300メートル

とを厳しく要求した。「斧《おの》は既に木の根元に置かれている。良い実を結ばない木はみな、切り倒されて火に投げ込まれる」（マタイ三・一〇）。アブラハムの子孫すなわち神の選民イスラエルに属していても、それだけでは救いの保証にならないのである（三・九）。

ヨハネの洗礼運動は民衆の間に大きな反響を呼び起こし、彼の周りには弟子の集団が形成された（マルコ六・二九、ルカ一一・一）。イエスも伝道活動を開始する前にヨハネから洗礼を受けた（マルコ一・九〜一一並行）。彼はヨハネの活動に共鳴し、ある期間その集団に属していたのであろう（七二頁以下）。洗礼者に対するイエスの評価は高い。「まことにあなたたちに言う。女から生まれた者のうち、洗礼者ヨハネより大きな者は現れなかった」（マタイ一一・一一並行）。しかし洗礼者の死後（二二頁）、彼をメシアとし、光とする弟子たちの集団（ヨハネ一・六〜八、二〇、三・二八）は、原始キリスト教と競合した。新約聖書は洗礼者を、真の光でありメシアであるイエスの先駆者あるいは証人として位置づけている（マルコ一・二〜四、ヨハネ一・三二、使徒一九・三〜八）。

律法への服従

右に概観したように、一世紀のユダヤ教は諸派に分かれ、多様な形を呈していたが、神は唯一であるという信仰と、神とイスラエルとの間の契約の原本としての旧約聖書律法（モーセ五書）に対する服従という、基本的な特色においては一致していた。律法はエルサレムの神殿と共に当時のユダヤ教の中心に位置する。ユダヤ人にとって律法は神から彼らだけに与えられた特別な賜物であり、「知識と真理」を示す無二の財宝であった（ローマ二・一八〜二〇）。その内容は今日の法的領域に限定されず、宗教、道徳、慣習など生活全般に及ぶ。

律法の遵守は救いの道である。それはけっしてたんなる外面的、形式的遵法行為ではなく、本来は神への愛の告白、神の主権の告白である。前二世紀にユダヤ人をヘレニズム世界に強制的に同化させようとするシリアの王アンティオコス＝エピファネスの試みがマカバイ一族（ハスモン家）の抵抗運動によって挫折した後、ユダヤ教はますます強く律法と結びつくようになり、その傾向は一世紀に――ゼーロータイの運動に見るように――頂点に達した。

ユダヤ教の律法的敬虔の中で、律法学者たちは当然大きな役割を果たしていた。彼らは、個人や共同体の生活の全領域で生じ得る様々の場合に対処するために、律法から多くの規則を作りだした。福音書の中でそれは「昔の人たちの言い伝え」と言われている。その数は年々増加し、ユダヤ人の生活を隅々まで支配し、多くの民衆にとって重荷となった。「疲れた者、重荷を負う者は、だれでもわたしのもとに来なさい。休ませてあげよう」（マタイ一一・二八）というイエスの言葉は、律法と「昔の人たちの言い伝え」の重荷に苦しむ民衆に対する呼びかけである。

律法の問題はイエスとユダヤ教指導者との厳しい対立の要因となった。イエスは律法学者のように「昔の人たちの言い伝え」に基づいて律法を解釈するのではなく（マルコ一・二二並行）、人間への愛のゆえに（一二・二九〜三一並行）、ユダヤ人の日常生活にとってきわめて重要な安息日、食物、離婚などに関して、みずからの権威によって律法の枠組みを突き破る発言をし、行動を示した（七二頁以下）。ここに当時のパレスチナのユダヤ教全体に対立するイエスの顕著な特色を見ることができる。それが彼を十字架の死にいたらせる決定的な原因となったことは間違いなかろう。

律法の下にあったユダヤ教の土壌で成立し、異邦人世界に大きく進展する初期キリスト教会の指導者・伝道者ペトロにとっても、律法の遵守はきわめて重要な問題となった。この問題と取り組むことが彼の教会的活動の大きな課題であった。それはまた初代教会の歴史における彼の位置づけに深く関わる事柄でもある（一六一頁以下、一六八頁以下、一七二頁以下）。

第二章　イエスの弟子となるまで

一　出身地

カファルナウム　ペトロはイエスの弟子となったときカファルナウムに住んでいた（マルコ一・二九～三一並行）。カファルナウムはヘロデ＝アンティパスの領土に属していた。ガリラヤ湖の北西岸、ヨルダン川の河口から西に四キロメートルほどのところに位置する。今日のテル・フームである。マルコはカファルナウムをポリス（都市、町）と呼んでいるが（一・三三）、実際は湖と丘陵に挟まれた、城壁のない農業と漁業の小村であった。当時の人口は僅《わず》か一、〇〇〇人から一、五〇〇人ほどであったと推定されている。だがこの村はフィリポの領地との境界に近く、検問所を兼ねた税関が置かれていた。イエスはこの村で百人隊長の懇願に応《こた》え、中風《ちゅうぶ》に苦しむ彼の部下を癒した（マタイ八・五～一三並行）。この話はローマ軍の小隊がここに駐屯していたことを示唆するが、それはヘロデ＝アンティパスの外国人傭兵《ようへい》部隊であったかもしれない。ルカ七・一以下によれば、この百人隊長は村の長老たちを介して部下の癒しをイエスに懇願している。彼は「神を畏《おそ》れる者」（一八三頁）であったのだろうか、ユダヤ人のためにシナゴーグ（ユダヤ教の会堂）を建てたとも言われている。いずれにせよ、この村のユダヤ人住民は彼らの宗教的伝統に忠実であったが、外国人と無関係に生活していたわけではない。

　カファルナウムはガリラヤを主要舞台とするイエスの活動の本拠地であった。彼はガリラヤで活動している間も、その外に出ても、カファルナウムに戻って来る（マルコ二・一、九・三三）。マタイはこの村を「彼（イエス）自身の町（ポリス）」と呼んでいる（九・一）。彼は南西に約三六キロメートル離れた海抜三五〇メートルの山地にある故郷の村ナザレから、その湖面が地中海の水面より約二一二メートルも低いガリラヤ湖の畔《ほとり》のこの村に移り住んだのである（マタイ四・一三）。そしてこの村のシナゴーグで教え、汚《けが》れた霊に取りつかれていると考えられていた病気の男を癒し（マルコ一・二一～二八並行）、ペトロの家で熱を出して寝ていた彼の姑《しゅうとめ》を癒す（一・二九～三一並行）。マルコによれば彼はほかにも、中風の患者を含め（二・一～一二並行）、「いろいろな病気にかかっている大勢の人たちを癒した」（一・三四）。力ある癒し人としてのイエスの評判はたちまち村中に広まった。治癒行為も含んで、基本的に仕事が禁じられている安息日が終わると、「人々は、病人や悪霊に取りつかれた者を皆、イエスのもとに連れて来た。町中の人が（ペトロの家の）戸口に集まった」とマルコは報じている（一・三三。二・二参照）。福音書のこれらの記述は、病人の癒しがカ

カファルナウムで発掘されたシナゴーグの断面図　礼拝のとき、会衆は正面入り口（南側）に向かって立つ。左右二階の翼廊は女性の席

ファルナウムにおけるイエスの伝道の中で大きな場を占めていたことを示している。だがこの村の多くの人々はイエスに治癒を求めたが、悔い改めの呼びかけには応じようとしなかった。彼らに対するイエスの警告が福音書の中に伝えられている（マタイ一一・二三～二四並行）。

シナゴーグの発掘

すでに一九世紀にテル・フームの遺跡で現在の湖畔から約九〇メートルの場所にシナゴーグが発見され、その後、二〇世紀における考古学的発掘調査により、それは二世紀後半ないし三世紀前半あるいは四世紀、五世紀に建てられたものであろうと推定されている。建物はこの地方の黒い玄武岩ではなく、遠方から運ばれてきた白い石灰岩を使い、南の湖に向かって、すなわちエルサレムの方に向かって、建てられている。南北二四メートル、東西一八メートルの長方形の二階建てで、これまでパレスチナで発掘されたシナゴーグの中で最も美しく、大きなものである。

さらに一九六九年から八一年まで根気よく続けられた発掘調査の結果、そのシナゴーグの下で、古い住居の上に建てられた黒い玄武岩のシナゴーグの基礎部分が発見された。先に言及したルカ七・五の記事が正しければ、この古いシナゴーグは例の百人隊長がユダヤ人のために建てたといわれる、イエスやペトロの時代のシナゴーグであったかもしれない。

一方、一九六八年に、そこから三〇メートルほど南で、八角形の建物の跡が見つかった。その後の調査をとおして、それはおそらくユダヤ人キリスト者によって一世紀後半から「家の教会」として使われるようになったペトロの家が、四世紀の増築・改修を経て、五世紀に取り壊され、その二メートル上に建てられた教会であろうと推測されている。その住居は中庭を囲む大きな集合住宅の中の部屋（七メートル×六・五メートル＝四五・五平方メートル）であるが、隣接の部屋（例えば二・五メートル×六・五メートルあるいは二・三メートル×三・二メートル）よりもずっと大きい。

カファルナウムの漁師の住居はたいていこのような集合住宅の中の比較的に小さな部屋であったことが考古学的に明らかにされている。そこには数家族が住み、中庭とそこから道路に通じる一つの出入り口は共同で使用する。中庭には料理や製粉のためにかまどや石臼《いしうす》が据え付けられていた。洗濯をすることもできた。家屋の外壁は切られていない黒い玄武岩を積み上げ、小石で隙間《すきま》がふさがれた。中庭に面して小さい窓がある。屋根は梁《はり》の上に角材を並べ、その上に木の枝や柴を編み、粘土で塗り固めた平屋根である。外から階段で屋上に上ることができる（マルコ二・四）。床には湖岸の強い湿気を防ぐために玄武岩が硬く敷き詰められていた。

右に述べた八角形の建物の下の住宅が実際にペトロの家であったかどうかは定かでない。しかしいずれにせよ、彼の家もこのように建てられていたであろう。

ベトサイダ

他方、ヨハネ福音書はベトサイダが「アンデレとペトロの町」であったと報じている。それはまた十二人の一人フィリポの出身地でもある（一・四四、一二・二一）。ベトサイダはアラム語で「漁の家」というほどの意味である。その名前のとおり水産業が主要な産業であった。ガリラヤ湖の北端から北北東へ約三キロメートル、ヨルダン川のすぐ東にある現在のエ‐テルがその場所であると考えられる（この同定については議論がある。ベトサイダはエ‐テルの南、湖岸のエル‐アラジュであったという説もある）。かつては漁村であったが、分封領主フィリポがヘレニズム都市に造りかえて彼の領地の主要都市とし、その名前を皇帝アウグストゥスの娘ユリアにちなんでユリアスに改めた（『古代誌』一八・二八、『戦記』二・一六八）。ヨハネ一二・二一には「ガリラヤのベトサイダ」と記されているが、正確ではない。この都市にはユダヤ人とシリア人が混在していた（『戦記』三・五七）。イエスはここで盲人を癒したと伝えられている（マルコ八・二二〜二六）。しかしベトサイダも、カファルナウムと同様に、イエスの力ある業《わざ》を見ても悔い改めなかった町として叱責《しっせき》されている（マタイ一一・二一並行）。

ペトロの出身地はカファルナウムであったか、ベトサイダであったか、それは確定できない。彼はベトサイダで生まれ育ったが、後にそこから数キロメートル離れているカファルナウムに——結婚を機に？——居を移したのかもしれない。後にペトロが教会の指導者として示した異邦人に対する開かれた態度は、基本的にはイエスの精神に負うところが大きいが（八二頁、一七四頁以下）、彼がヘレニズム的都市ユリアスの出身であったこととも無関係ではあるまい。

二　家族

ヨハネの子　ペトロの家族についても詳細は分からない。ヨハネ福音書によると父親の名前はヨハネである（一・四二、二一・一五以下）。二世紀前半には成立していたと考えられる外典『ヘブライ人福音書』もペトロを「ヨハネの子シモン」と呼んでいる（三三）。一方、彼はマタイ福音書で「シモン、バルヨナ」と言われている（一六・一七）。「バルヨナ」は熱心党とは関係がなく（三三頁）、文字通り「ヨナの息子」を意味するアラム語である。ヨナがヨハネの短縮形であることを同時代の資料によって裏付けることは難しい。しかし当時ヨナという名前が使われていたことも資料的に確証し難いので、「バルヨナ」はやはり「ヨハネの息子」の短縮形と見るべきではなかろうか。

当時ユダヤ人には家族の名はなかったが、家族意識は強く、息子には「だれそれの子」というふうに父親の名を付けた。ペトロの名前シモンは彼の兄弟の名前アンデレと同じくギリシア名であるが、時おり彼はシメオンというヘブライ名でも呼ばれている（使徒一五・一四、第二ペトロ一・一）。ヘレニズム的色彩の濃いベトサイダにユダヤ人として生まれ育ったペトロは、幼少の頃からシメオンとシモンという二つの名前で呼ばれていたのかもしれない。

妻と姑

当時、ユダヤ人の間では、生涯を独身でとおす者はきわめて少なかった。ペトロも結婚していて、彼の家には姑が同居していた。あるいは彼が姑（と舅《しゅうと》）の家に住んでいたのだろうか。いずれにせよ、イエスはペトロとその兄弟アンデレの家を訪れたとき、熱を出して寝ていたペトロの姑を癒したことがある（マルコ一・二九〜三一並行）。癒された姑はイエスの一行に「仕えた」。ギリシア語原文はここで動作の開始あるいは継続を表す動詞の未完了形を使っている。彼女の奉仕はその後も続いたのであろう。

福音書にはペトロの妻への言及はないが、パウロの手紙は、後にペトロが教会の使徒として伝道の旅をしたとき、信者である妻が彼に同行したことを伝えている（第一コリント九・五。一八四頁）。しかしすでにイエスの生前にペトロの妻も姑も、マリアとマルタの姉妹のように、家に留まりながら、イエスの一行に食事を供するなどして、その運動を支援していたものと思われる。アレクサンドリアの神学者クレメンス（一五〇頃～二一五年頃）はペトロに子どもたちがいたという伝承を知っていた（『ストロマテイス』三・五二・五、エウセビオス『教会史』三・三〇・一）。彼はペトロの妻の殉教についても伝えている（『ストロマテイス』七・六三・三、エウセビオス『教会史』三・三〇・二）。妻が処刑されるために連れて行かれるのを見たペトロは、妻が真の故郷に帰るのを喜び、彼女に向かって「主をしっかりおぼえていなさい」と言って励ます。だがこれは伝説であろう。さらに後の時代には、一世紀のローマの童貞殉教者である聖女ペトロニラをペトロの娘と同一視する伝説も生まれた（ヤコブス＝デ＝ウォラギネ『黄金伝説』七三）。

三　言葉

日常語としてのアラム語　一世紀のパレスチナの言語はヘブライ語、アラム語、ギリシア語、ラテン語であったが、ユダヤ人の日常生活ではアラム語が最も広く使われていた。さらにそれは、例えばクムラン（三七頁）からアラム語文書が少なからず出土していることから分かるように、文語としても使われていた。一方ヘブライ語は文語として途絶えることなく用いられていたが、日常語としての使用は地域的、社会層的に限定されていた（Ch・ラビンは七〇年のエルサレム陥落までこの都市とユダヤではアラム語に対してヘブライ語がまだ支配的であったと推測している。S・サフライ他編『総説・ユダヤ人の歴史』下　二三八頁以下）。

アラム語は、前二千年紀以来パレスチナ東北部からメソポタミヤにかけて住んでいたセム族の一種族アラム人の言葉であったが、アッシリア帝国、新バビロニア帝国、ペルシア帝国の公文書にも用いられ、メソポタミヤの主要言語となった。パレスチナのユダヤ人の間でも、バビロン捕囚《ほしゅう》（前五八六〜前五三八年）の後、アラム語は徐々に広まり、旧約聖書も一部分はアラム語で書かれている（主としてダニエル書二・四b〜七・二八）。おそらくすでに捕囚後の時代に、会堂の礼拝でヘブライ語聖書が朗読される際に、ヘブライ語を理解することのできない会衆のために、通訳者が口頭で節ごとに敷衍《ふえん》してアラム語の訳を付していた。その翻訳伝承は紀元前後に少なくとも部分的には文書化され、後に『タルグム』（「翻訳」を意味するアラム語）として編集された。

福音書にはイエスが使ったアラム語がいくつか残っている。イエスは神にアラム語で「アッバ」と呼びかけ（マルコ一四・三六）、弟子たちにもそのように教えた（ルカ一一・二）。もともと「アッバ」はまだ舌がよく廻らない幼児が父親を呼ぶ言葉であったが、当時のユダヤ人は成人になってからも父親にこの語を使っていた。しかし、幼児語あるいは親しい間柄での日常語である「アッバ」が神に対して用いられることはなかったといわれる。それは聖なる至高者である神の呼び名としてはふさわしくないと考えられたからであろう。それに対し、イエスはこの日常語を用いて神に呼びかけた。「そこには深い信頼と安らぎがあると同時に畏敬《いけい》と従順の心があふれていた」（J・エレミアス『イエスの宣教』一二九頁)。それはペトロにとっても新鮮な宗教経験であったにちがいない。
福音書によれば、イエスがアラム語で「タリタ、クム」(「少女よ、起きなさい」)と言って会堂長ヤイロの娘を死から甦《よみがえ》らせたときも(マルコ五・四一)、また「エッファタ」(「開け」)と言って耳の聞こえない者を癒したときも(七・三四)、ペトロはその場にいた。しかし最後に、イエスが十字架の上で「エロイ、エロイ、レマ、サバクタニ」(「わが神、わが神、なぜわたしをお見捨てになったのか」)とアラム語で叫んで息を引き取ったときには、彼はそこにいなかった。イエスを否認し、イエスの処刑の場には姿を見せなかったのである(一五・三四。一三二頁以下)。

ギリシア語の普及

当時パレスチナではギリシア語も有力な言語であった。それはラテン語と共にローマ帝国の行政に使われていた。イエスの十字架刑の罪状書きにはヘブライ語、ラテン語、ギリシア語で「ナザレのイエス、ユダヤ人の王」と書かれていたという(ヨハネ一九・一九)。使徒言行録によれば、パウロはエルサレムでローマ軍の千人隊長にギリシア語で話している(二一・三七以下)。ヘロデ大王とその後継者となった彼の息子たち(二二頁以下)、それにローマの総督たちは、ギリシア貨幣だけを発行したのである。

当時パレスチナには、地中海沿岸地方とヨルダン川の東のデカポリス地方に多くのヘレニズム都市があったが、イエスとその弟子たちの活動の舞台であったガリラヤにもティベリアス(ヨハネ六

・二三）、セッフォリスのような大きなヘレニズム都市が存在した。これらの都市と同様に、ペトロの故郷ベトサイダでも部分的にギリシア語が話されていたと考えられる（四六頁以下）。しかしパレスチナにおけるギリシア語の使用はヘレニズム諸都市に限られなかった。クムランの洞穴からは旧約聖書のギリシア語断片が発見されている。エルサレムにはパレスチナのヘレニズム諸都市から移って来たユダヤ人やパレスチナの外の諸地域から帰還したユダヤ人も住んでいた。また、それらの地域からエルサレムを訪れる大勢の巡礼者の中には、聖都に長く滞在する者や永住する者もいた。そこにはギリシア語を話すユダヤ人の会堂があり、ギリシア語の学校もあった。この都の周辺からギリシア語で書かれたユダヤ人の墓碑や骨入れが少なからず出土している。また、パレスチナに居住したり、通商のためにそこを通ったりする外国人もいた。このようなユダヤ人や外国人をとおして、ギリシア語はエルサレムでも有力な言葉となっていた。後述するように（一五四頁以下）、初代エルサレム教会の「ギリシア語を話すユダヤ人たち」（ヘレーニスタイ。使徒六・一）は大きな宣教的役割を果たすことになる。

　イエスの一行はティベリアスやセッフォリスのようなヘレニズム都市には足を踏み入れなかったようである。しかし小さな町や村もヘレニズム諸都市からまったく隔離されていたわけではなく、発達した道路網によって社会、経済、文化の面でそれらの都市との接触があったのである。このネットワークをとおして、ガリラヤの村落でもギリシア語の会話が聞かれるようになっていた。福音書の報告から推測すると、イエスがギリシア語を話した可能性を否定してしまうことはできない。例えばローマ軍の百人隊長（マタイ八・五〜一三並行）、ゲラサ人たち（マルコ五・一〜二〇並行）、シリア・フェニキア生まれの異邦人女性（七・二四〜三〇並行）を相手に、あるいは総督ピラトゥスの前で（一五・二〜五並行）、イエスはギリシア語を話したと考えられ得る。

ペトロはどうであったか。彼が書いた文書は残っていない。しかしベトサイダで生まれ育った彼がギリシア語とヘレニズム文化からまったく断絶されていたとは考えられない。少なくともある程度は、ギリシア語を話すこともできたであろう。「ガリラヤの村里の住民といえども、かなりの程度までギリシア語を用いることができたものと思われる」（土岐健治『イエス時代の言語状況』五〇頁）。使徒言行録はペトロが後に異邦人にも伝道したことを報じている（一五九頁以下）。ペトロを含め、イエスの最初の弟子たちについて「ギリシア的、世俗的意味での文化と呼ばれるものは、少しも彼らに染みこんでゐなかった」（J・-E・ルナン『イエス傳』津田穣訳、岩波書店、一九四一年〔原著一八六三年〕一六一頁）と評するのはやや言い過ぎではなかろうか。

四　教育

「無学な普通の人」

使徒言行録でペトロとヨハネは「無学な普通の人」と言われている。エルサレムの最高法院の議員たちはその二人がイエスについて大胆に語るのを見て驚いた、というのである（四・一三。『聖書　新共同訳』）。しかし使徒言行録の著者ルカがここで強調するのは、ペトロが学識によらず、「聖霊に満たされて語った」（四・八）ということである。後の教会の著述家たちも、イエスの弟子たちの無学に言及することによって、彼らの宣教に働く神の力を力説する。例えばアレクサンドリアの神学者オリゲネスは、二四八年頃に書いた『ケルソス駁《ばく》論《ろん》』の中で、「読み書きの初歩も学んでいない漁師や取税人が……イエスに対する信仰についてユダヤ人と大胆にも対話したばかりか、他の諸民族の中でもイエスを宣教して成功を収めた……」のは神の力、神の言葉による、と主張している（一・六二。出村みや子訳。なおユスティノス『第一弁明』一・三九・三参照）。

しかし「無学な」と訳されているギリシア語アグランマトスは、本来、「読み書きの出来ない」者を指すが、ここでは、律法学者になるための専門教育を受けていない者を意味しているのであろう。「普通の人」（ギリシア語イディオーテース）も素人すなわち律法の専門家でない者を指すと見てよい。

そうであれば、ペトロを読み書きもできない素朴なガリラヤ湖の漁師であったと見ることは誤りであろう。それは使徒言行録におけるペトロ描写とも一致しない。むしろ彼は、次に述べるように、少なくとも、当時ユダヤ人男子に義務づけられていた基本的教育を受けていたはずである。

父親による教育

古代のユダヤ社会では子どもの教育は先ず父親の務めであった。父親は息子に年少のときから自分の仕事を教えはじめる。多くの場合、息子は父親の職業を継いだのである。ペトロも父親から漁を教えられたことであろう。しかし、ユダヤ人に共通する教育の最も重要な内容は律法であった。律法は神がモーセをとおしてイスラエルの民に授与したものと信じられた。それはユダヤ人の生活全体を支配すべきもの、神の民としての彼らのアイデンティティの基礎であり保証である（四〇頁）。したがって、子どもに律法を教えることは父親の重要な宗教的義務でもあった。「今日わたしが命じるこれらの言葉を心に留め、子どもたちに繰り返し教え、家に座っているときも道を歩くときも、寝ているときも起きているときも、これを語り聞かせなさい」（申命記六・六〜七）。父親は子どもたちに民族の歴史を語り伝え、祝祭の意味についても説明しなければならない（出エジプト記一三・八）。子どもの律法教育についてヨセフスは誇らしげに語っている。「もしわたしたちの国民のうちのだれかが、わたしたちの律法について質問をうけたなら、彼はそれにたいし、自分の名前を言うよりもさらにすらすらと、すべてを答えるであろう。

そもそもわたしたちは、いったん物心がつけば、ただちに律法を徹底的に学び、かつ記憶するので、律法なるものを、言うなれば心の中に刻みつけてしまっているのである」（『アピオン』二・一七八。秦剛平訳）。ヨセフスの記述の随所に見られるように、ここにも誇張があろう。しかし当時のユダヤ社会で家庭が宗教的にも道徳的にも教育の場として大きな役割を果たしていたことは事実である。

ベート・ハッセーフェル　子どもの教育は家庭だけではなく、「ベート・ハッセーフェル」（「書物の家」という意味のヘブライ語）と呼ばれる会堂付属の学校でも行われた。会堂長の補助者（ルカ四・二〇に登場）がその教師を務めた。ベート・ハッセーフェルの起源は前一世紀に遡《さかのぼ》る。後一世紀には、それはすべての町に設けられ、小さな村落にも普及した。たしかに学校を持たない村落があり、学校に通わない子どもたちもいたが、原則的に少年は学校に通い、律法を学び、社会の一員となる準備をすることになっていた。そこでは聖書とヘブライ語のアルファベットが教えられた。

就学年齢は五歳あるいは六歳とも七歳とも言われている。安息日と祝日における礼拝の時間を除いて、ほとんど毎日、早朝からときには夕方まで授業が行われた。神の言葉としての律法と教師に対する敬意を基盤に、教育はきわめて厳しく、教師にはむちによる体罰も許されていた。しかし少女はベート・ハッセーフェルでの学習を義務づけられておらず、一般的に、そこに通学することはなかった。

バル・ミツヴァー　少年は一二歳か一三歳で学校における学びを終え、バル・ミツヴァー（「掟の息子」）の日に成人として社会の一員となる。したがってこの日はユダヤ人にとって非常に重要な日であり、宗教儀式が行われ、大祝宴が開かれた（ダニエル＝ロプス　Ⅰ　一九一頁）。だがこれで律法教育が終わるのではない。才能に恵まれ、志のある者はさらにベート・ハッミドラーシュ（「聖書解釈の家」という意味のヘブライ語）に進み、教師や書記あるいは裁判官になることを目指して、律法学者のもとで主として聖書の解釈と日常生活への適用について学ぶ。かつて律法学者になることを志し、エルサレムで高名な律法学者ガマリエルの薫陶《くんとう》を受けたパウロもその一人である（使徒二二・三）。そのパウロとは異なり、ペトロはベート・ハッミドラーシュには身を置かなかった。しかし彼は少年時代に、大多数のユダヤ人の少年と同じように、ベート・ハッセーフェルで律法を学び、成人となってからは安息日に会堂の礼拝で律法について教えられたにちがいない。

ガリラヤ湖南　ヨルダン川は右へ向かって流れる

五　職業

ガリラヤ湖の漁師

ペトロは兄弟のアンデレといっしょにガリラヤ湖で漁業を営んでいた（マルコ一・一六）。

パレスチナのユダヤ人の経済の根幹は農業であったが、漁業も牧畜と共に大きな役割を担っていた。前一世紀から後一世紀の間にパレスチナで成立したと思われる『十二族長の遺訓』は、族長の一人ゼブルンについてこう語っている。「神が悟りと知恵を与えてくれたので、最初に舟を海へ出した。舵《かじ》をうしろにおろし、真ん中にあるマストに帆をかけた。岸に沿って帆走し、父の家のために魚をとった。わたしは同情心から獲物をよそのみんなに分けてやった。……五年間漁をし、会った人みんなに分け与え、父の家全体を賄《まかな》った。こうしてわたしは夏の間は漁をし、冬になると兄弟たちと一緒に羊を飼った」（「ゼブルン」六・一～八。笈川博一・土岐健治訳）。

ガリラヤ湖はパレスチナ北部に位置し、西洋梨を逆さにしたような形をしている。南北に二〇キロメートル、東西は最大一二キロメートル、水深は五〇メートルを超えない。ふだんは静かな湖であるが、突然、山おろしが襲い、舟の者たちを脅《おびや》かすことがある（マルコ四・三五以下並行、六・四五以下並行）。ペトロは何度もそれを経験し、その恐ろしさをよく知っていたはずである。

湖の魚は豊富で、その種類は四〇を超える。湖畔には漁業の町や村が点在していた。その中には前述のベトサイダ、カファルナウム（四二頁以下）、マグダラのマリアの出身地マグダラがあった。彼女はイエスによって重い精神病を癒され、イエスの伝道に参加し（ルカ八・二）、ヨハネ二〇・一一～一八によると後に彼の復活の証人となった（一四三頁）。湖の北西岸に位置するこの町をヨセフス（『古代誌』二〇・一五九）やローマの百科全書学者プリニウス（『博物誌』五・一五）はタリカイアイと呼んでいる。これは「魚の塩漬け工場」という意味のギリシア語である。ここの工場で生産された塩漬けの魚は、近隣の全地方の需要に応じただけでなく、エルサレムにも、さらにローマやアレクサンドリアにも輸出された。

漁の方法

漁獲には、糸に鉄か銅の釣針をつけて釣ったり、やすで刺したりする方法もあったが、職業的に大量の魚を獲るためには網が使われた。福音書では三種類の網が言及されている。投げ網、地曳《じび》き網、底曳《そこび》き網である。そのなかで最もよく使われたのは鉛の錘《おもり》がついた円周四メートルほどの投げ網である。漁師は水中に立ち、魚群をめがけて手際よく網を投げかける。マルコ福音書（一・一六～一八）とマタイ福音書（四・一八～二〇）によると、イエスはペトロとアンデレが湖で投げ網を打っているのを見て、彼らを招き、弟子にした。地曳き網は幅が約三メートル、長さが五〇メートル以上もあって、「いろいろな魚を集める」（マタイ一三・四七）ことができた。その上辺にはキルクの浮きが、下辺には鉛の錘がついている。舟は網を積んで岸を離れ、大きな半円形を描くようにして網を艫《へさき》から順次下ろして魚を囲む。舟が岸に戻ると多人数で網を引いて陸地に網を引き寄せる。この種の網は高価で、維持費も高く、投げ網のように一般に使われることはなかった。他方、ルカ福音書の召命物語（五・一～一一）では、ペトロたちは舟から水中に沈めて漁をする底曳き網を使っている。

魚を選り分ける

網にかかった魚を注意深く選《え》り分ける作業はユダヤ人の漁師にとって特別な意味を持っていた。律法が魚類を宗教的に清いものと汚れたものとにはっきり区別しているからである。「水中の魚類のうち、ひれ、うろこのあるものは、海のものでも、川のものでもすべて食べてよい。しかし、ひれとうろこのないものは、海のものでも、川のものでも、水に群がるものでも、水の中の生き物はすべて汚らわしいものである。……その肉を食べてはならない」（レビ記一一・九～一二）。したがって、ひれとうろこのない水中の生き物はユダヤ人に売ることはできない。漁師たちはそのような「汚らわしいもの」を投げ捨てる（マタイ一三・四八）。もっ

ガリラヤ湖西岸の湖底で発見された古代の舟　ギノサル

とも、なかにはそれをひそかに異邦人に売る者もいたようである。しかしペトロは、水中の生き物だけではなく、地上の動物や鳥類、昆虫についても、宗教的に清いものと汚れたものを厳格に区別する律法の食物規定に忠実なユダヤ人であった（使徒一〇・一四。一五九頁以下）。水揚げされた魚を几帳面《きちょうめん》に選別していたにちがいない。

漁師仲間のかしら

実に長い間水底に沈んでいた一隻《せき》の古代の木の舟が、一九八六年一月半ばに、ガリラヤ湖西岸のキブツ・ギノサルとミグダル（マグダラ）の間で、湖底の泥の中から発見された。二年にわたる日照りと汀線《ていせん》の後退とによってその辺りの湖底が現れたことが発見につながった。泥の中に埋もれていたことが幸いし、木材は腐食・崩壊してしまうことなく、船体は外観をとどめていた。長さは八・二メートルで、幅は最大二・三メートル、深さは一・二五メートルある。厚さ三センチほどのシーダーの厚板が使われている。厚板の取り替えや股釘によって何度も補強された跡がある。この舟は輸送や漁獲に使われたもので、漕《こ》ぎ手は五人ほどであったと推定される。専門家たちは舟が造られた年代を前一世紀あるいは後一世紀と見ている。ペトロはこのような舟で漁をしていたのかもしれず、また、イエスの一行はこのような舟でガリラヤ湖を行き来したのかもしれない。

漁はふつう六人から八人の組で行われた。ペトロはそのかしらであったようだ。ルカの記事によると、彼は漁師仲間の代表格として振舞《ふるま》っている（五・二～六）。舟と漁具も所有していたであろう。しかし、ゼベダイの子ヤコブとその兄弟ヨハネのように、ペトロにも雇い人たちがいたかどうかは明らかでない（マルコ一・二〇）。

当時ガリラヤ湖の周辺の町や村は水産業で活気に溢《あふ》れていた。漁師たちは、手工業者たちと同じように、共同の利益を図って同業者の組合をつくっていた。彼らが社会的に蔑視《べっし》されていたとはけっして言えない。そもそもユダヤ教の律法学者たちは肉体労働を一般に高く評価していたのである。「労働を愛し……なさい」（『ミシュナー』「ピルケ・アボス」一・一〇。石川耕一郎訳）。漁師は日毎《ひごと》の食卓の主要な副食物を供給する者として社会的に重要な役割を果たしていたのである。

Ⅱ　イエスに従う

第一章　ガリラヤからエルサレムへ

一　イエスとの出会い

マルコの記事　ペトロの召命すなわち彼がイエスに召し出されて弟子とされたことについて、マルコ、ルカ、ヨハネはそれぞれ大きく異なる記事を提供している。マタイ（四・一八〜二二）はおおむねマルコに基づいている。先ずマルコの記事を引用しよう。

> イエスは、ガリラヤ湖のほとりを歩いておられたとき、シモンとシモンの兄弟アンデレが湖で網を打っているのを御覧になった。彼らは漁師だった。イエスは、「わたしについて来なさい。人間をとる漁師にしよう」と言われた。二人はすぐに網を捨てて従った（一・一六〜一八）。

「人間をとる漁師」という言いかたは神の裁きと罰について語る旧約聖書の言葉を連想させる（エ

レミヤ書一六・一六〜一七）。「見よ、わたしは多くの漁師を遣わして、彼らを釣り上げさせる、と主は言われる。……彼らはわたしの前から身を隠すこともできず、その悪をわたしの目から隠すこともできない」。しかし福音書では、「人間をとる漁師」は人々を神の国に導き入れる伝道者の働きを指すメタファー（隠喩）とされている。

聖ペトロと聖アンデレの召命　ドゥッチョ（1308／11年）。ワシントン、ナショナル-ギャラリー

ペトロとアンデレの召命の物語に続いて、マルコはゼベダイの子ヤコブとヨハネの召命を報じる（一・一九〜二〇）。漁師である兄弟が仕事の場からイエスの突然の召しに応じて即座に従うという点で、二つの記事は共通している。マルコによれば、イエスは活動を開始するとすぐに四人の漁師を弟子として召し出す。ということは、彼らは見ず知らずのイエスの招きにただちに応じたことになる。いかにも不自然である。これはマルコが伝記的に理解しやすい筋書きよりも神学的な関心を優先させているからであろう。この福音書著者は、弟子の召命をイエスの活動の最初に置くことによって、イエスの活動には弟子の存在が不可欠であ

ることを強調する。さらに彼は、イエスは見知らぬ者として漁師たちに近づき、ひとことで彼らを弟子として召し出したのだと述べることによって、神の子としてのイエスの抗《あらが》いがたい権威を読者に印象づけるのである。

とは言え、ペトロとアンデレ、ヨハネ、ヤコブは実際にイエス運動の初期にイエスと出会い、弟子としてずっとイエスと行動を共にするようになったのであろう。諸福音書の相異なる報告はこの点ではすべて一致している。しかし召命以前のペトロの内的・外的経験についてマルコは何も語っていない（熱心党との関係については三三頁参照）。

弟子であること

ここにペトロの思い出にまで遡《さかのぼ》る報告を見ようとする学者もいるが、この情景そのものは史実の描写ではなく、イエスの弟子たることの基本を絵画的に描く「理念的場面」であろう。すなわち、伝道者としての弟子の身分は志願によるのではなく、イエスからの召しに応《こた》えることから始まる。それはユダヤ教のラビ（教師）の弟子たちのように師から教えを受けるだけではなく、ときには職業や家を捨て、イエスと生死を共にする覚悟で彼の後に従って行くことを意味する。弟子たちは、一時的にイエスについてくる群集（例えばマルコ五・二四並行）とは異なり、最後まで、すなわち十字架の死にいたるまで、イエスに従うことを要求される（八・三四並行）。

ペトロとアンデレは「すぐに網を捨てて従った」と言われている。後にペトロはイエスに向かって、「このとおり、わたしたちは何もかも捨てて、あなたに従って参りました」と断言している（一〇・二八並行）。これも弟子であることの理念を言い表す言葉である。だが実際には、ペトロがイエスの弟子となり、彼に従った後も、イエスの一行は――ガリラヤ伝道中は――しばしばペトロの家を訪れていたようである。そこは弟子たちへの教育の場、食事と憩《いこ》いの場でもあったであろう（一・二九並行、二・一、九・三三）。そして、ペトロの舟は伝道に使われていたものと思われる（三・九、四・一並行、三六並行、六・四五～五二並行）。

ルカの記事

ペトロの召命を報じる際に、ルカは漁師たちが見知らぬ者の召しに即座に応じて従って行くというマルコの記述に不自然さを感じたのであろうか、その順序を変え、カファルナウムでのイエスの教えと悪霊追放や治癒奇跡の後にペトロの召命を置いている（五・一～一一）。そのときには、イエスはすでにペトロの姑《しゅうとめ》の病気も癒していた（四・三八～三九）。こうしてペトロは、イエスから弟子として召し出されたときには、すでにイエスの宣教や奇跡の働きをよく知っていたことになる。

しかもルカの物語では、ペトロの召命は大漁の奇跡と結びつけられている。その日、漁師たちは夜通し苦労して漁をしたが一匹の魚もとれず、舟から上がって底曳《そこび》き網を洗っていた。イエスは周りに群集が押し寄せてきたのでペトロの持ち舟に乗り、岸から少し離れ、舟の上から群集に福音を語る。イエスが語り終わったとき、ペトロは漁師の経験や知識に反するイエスの指図に従い、沖に漕《こ》ぎ出して網を降ろしたところ、おびただしい魚がかかり、網が破れそうになった。ペトロは畏怖《いふ》の念に襲われ、イエスの足もとにひれ伏して、「主よ、わたしから離れてください。わたしは罪深い者なのです」と言う。「主」（ギリシア語キュリオス）はギリシア語訳旧約聖書『七十人訳』においても、新約聖書の周辺世界の諸宗教においても、神の称号として使われていた。今やペトロはイエスが神的存在であること、自分がその前に立ち得ない罪深い者であることを認識し、告白する。しかしまさしくそのときに、ペトロはイエスから赦《ゆる》しと召命の言葉を聞くのである。「恐れることはない。今から後、あなたは人間をとる漁師になる」。

　類似の奇跡的大漁の物語がヨハネ福音書ではペトロと他の弟子たちへの復活のイエスの顕現《けんげん》との関連で語られている（二一・一～一四）。事実、ルカの召命物語は復活のイエスの顕現物語にふさわしい内容である。ペトロがイエスを「主」と告白したことは復活のイエスの場合に一層よく理解できるし、罪の告白も特にイエスの復活に先行する受難の物語の中でペトロがイエスを三度否認したことと関係があるように思われるからである（一三二頁以下）。ルカは、復活のイエスの顕現に関する伝承とマルコの記事を結び合わせてペトロの召命の物語を作り上げたのであろう。この物語には罪の告白の重要性と、伝道者は自分の経験や知識に頼らず、イエスの言葉に従うことによって「人間をとる漁師」としての使命を果たすことができるという信仰が言い表されている。

ペトロの召命についてヨハネ福音書はマルコ福音書やルカ福音書とはまた別の記事を書いている。

ヨハネの記事

ヨハネは二人の弟子と一緒にいた。そして、歩いておられるイエスを見つめて、「見よ、神の小羊だ」と言った。二人の弟子はそれを聞いて、イエスに従った。イエスは振り返り、彼らが従って来るのを見て、「何を求めているのか」と言われた。彼らが「ラビ――『先生』という意味――どこに泊まっておられるのですか」と言うと、イエスは、「来なさい。そうすれば分かる」と言われた。そこで、彼らはついて行って、どこにイエスが泊まっておられるかを見た。そしてその日は、イエスのもとに泊まった。午後四時ごろのことである。ヨハネの言葉を聞いて、イエスに従った二人のうち一人は、シモン・ペトロの兄弟アンデレであった。彼は、まず自分の兄弟シモンに会って、「わたしたちはメシア――『油を注がれた者』という意味――に出会った」と言った。そして、シモンをイエスのところに連れて行った。イエスは彼を見つめて、「あなたはヨハネの子シモンであるが、ケファ――（ギリシア語に）訳せばペトロ（ス）――と呼ばれるであろう」と言われた（一・三五～四二）。

この記事にも福音書著者の関心が現れている。その一つは、洗礼者ヨハネはメシアではなく（一・二〇）、メシア・イエスの証人にすぎない（一・三二〜三四）、という主張である。洗礼者自身がイエスは「世の罪を取り除く神の小羊」すなわち人類の贖罪《しょくざい》者であると証言している（一・二九）。福音書著者は、洗礼者ヨハネをメシアと信じる集団に対抗してこのように書いたのであろう（三八頁）。もう一つ注意すべき点は、ペトロと他の弟子たちとの関係である。洗礼者の証言を聞いて彼の二人の弟子がイエスに従って行き、イエスのもとに泊まり、イエスがメシアであるとの確信を得る。ペトロは、そのうちの一人である兄弟アンデレの証言をとおして初めてイエスに出会う。福音書著者はもう一人の弟子の名前を挙げていないが、この福音書の中で重要な役割を演じている「イエスの愛しておられた弟子」を考えているのかもしれない（二三三頁以下）。とにかく、二人はペトロより先にイエスに出会い、イエスがメシアであることを信じ、イエスの弟子となっている。ペトロはもはやマルコ、マタイ、ルカの各福音書におけるように最初の弟子ではない。このように、イエスとペトロの出会いを伝えるヨハネの報告は、イエスを贖罪の小羊とするキリスト論的主張、イエスの証人としての洗礼者ヨハネの位置づけ、ペトロと他の弟子たちとの関係等、教会的、神学的関心に彩られている。

多様な記述の背後にあるもの

ペトロのように教会の卓越した指導者であった人物については、相異なるさまざまな評価や伝承が生じても不思議ではない。福音書の著者たちもそれぞれの考え方に従って伝承を用い、ペトロの召命の物語を綴《つづ》っている。これらの物語からその背後にあると考えられる史実を探り出すことは難しい。例えば、ヨハネの記事は第一の予備的召命、マルコのそれは第二の決定的召命を伝えているというふうに、二つの記事を歴史的に調和させることはできない。両方とも決定的な召命について語っているのである。しかしイエスがヨハネからヨルダン川で洗礼を受けたことは疑い得ない（三八頁以下）。たしかにヨハネ福音書著者はそのことを書き記していない。それは、洗礼者ヨハネはイエスにまさる者であると思われないためであろう（ヨハネ一・三〇）。だが、一章三五～四二節の記事は、洗礼者集団に属していたイエスがペトロの兄弟アンデレを含む幾人かの者たちと一緒にその集団から離れ、やがて独自の伝道を始めるようになったことを示唆《しさ》している。

　ペトロ自身がヨルダン川で終末への備えを訴えるヨハネから洗礼を受けたかどうかは明らかでない。いずれにせよ、ヨハネ福音書によれば、彼は「わたしたちはメシアに出会った」という兄弟アンデレの証言を聞いてイエスのもとに行く。たしかにこの記述そのものは、洗礼者ではなくイエスがメシアであるという後の教会の主張を示している。しかしペトロは、ローマ人の支配下でイスラエルの解放と支配を実現するメシアの出現を待ち望んでいた大勢のユダヤ人の一人であったにちがいない。ペトロはイエスにその実現を期待し、イエスに従ったのであろう（九九頁以下）。

予測できなかったイエスの言動

イスラエルの民が待ち望んでいた終末の審判と救いが間近に迫っていることを彼らに告知し、悔い改めを要求する洗礼者の説教は、たしかに神の国の告知者イエスの活動に道を備えた。だが洗礼者から離れ、荒れ野ではなく、巷《ちまた》の民衆の間で独自の活動を始めたイエスは、神の正義と審判よりも神の無限定の愛と赦しを前面に押し出し、神に立ち帰ることを説くようになる（マタイ五・四五並行、マルコ二・一七並行、ルカ一五・一～七並行、八～三二）。そして敵をも愛することを教える（マタイ五・四四）。彼は洗礼者の禁欲的な生活からも離れ、宗教的・社会的に疎外されていた徴税人や罪人と呼ばれていた者たちと食事を共にし、彼らに神の国（この世界の終末をもって始まる神の支配）を約束する（マルコ二・一五並行）。反対者たちはそのイエスを「大食漢で大酒飲みだ。徴税人や罪人の仲間だ」と非難する（マタイ一一・一九並行）。その食事では祭儀的清浄規定（レビ記一一章他）の几帳面《きちょうめん》な遵守《じゅんしゅ》は期待できない。事実イエスは基本的に食物規定に反する宣言をしている。「外から人の体に入るもので人を汚《けが》すことができるものは何もない」（マルコ七・一五並行）。そしてまたイエスは、神は六日で天地創造の仕事を完成させ、第七の日（土曜日）に安息した（創世記一・一～二・四前半）という理由でいかなる仕事をすることも禁止している、モーセの十戒《じっかい》における安息日の掟（出エジプト記二〇・八～一一）を無視して、障害を持つ人々を――翌日まで待たずに――安息日に癒す（マルコ三・一～六並行）。「安息日は人のために定められた。人が安息日のためにあるのではない」とは（マルコ二・二七）、イエスの大胆な発言である。またイエスは、夫にのみ離縁の権利を認める男女不平等社会の中で、律法が条件付で夫に認めている離縁（申命記二四・一）を禁止する。「神が結び合わせてくださったものを、人は離してはならない」（マルコ一〇・九並行）

イエスに従って洗礼者集団を出た者たちは、その時点ではイエスのこのような反律法的な振《ふる》舞《ま》いまで予測することはまだできなかったであろう。彼らがイエスに従い、彼と行動を共にしたのは、自分たちのメシア希望の実現を彼に期待したからではなかろうか（一〇四頁以下）。

二　ペトロという添え名

イエスによる命名

マルコ福音書によれば、シモンは十二人の任命のときに初めてイエスからペトロ（アラム語ケファ）という添え名を与えられる（三・一六）。この福音書では彼はそのときまでシモンと呼ばれているが（一・一六、二九、三六）、それ以後、一四章三七節を除いて、つねにペトロと呼ばれるようになる（一九回）。このようにしてマルコは、イエスがシモンにペトロという添え名を付けたのは十二人の任命のときであったことを明確にしている。ルカはすでに召命物語で「シモン＝ペトロ」の名前を使っているが（五・八）、これは命名とは無関係である。ルカにおいてもイエスがシモンにペトロという添え名をつけたのは任命の際である（六・一四）。

これに対しヨハネ福音書では、すでにイエスとの最初の出会いのときに、ペトロはイエスから「あなたはケファと呼ばれるであろう」と言われている（一・四二）。未来形「呼ばれるであろう」は「今から後……と呼ばれる」という意味であろう。

マタイは、シモンが初めて登場する召命物語の中ですでに彼を「ペトロと呼ばれるシモン」（四・一八）として紹介し、十二人の任命の記事でもその言い回しを繰り返している（一〇・二）。しかしこれは命名を意味するものではない。

さらにこの福音書では、シモンは信仰を告白した時にイエスから「あなたはペトロである」と言われている（一六・一八）。しかしこの言い回し自体も――しばしばそう解釈されてきたが――かならずしも命名を意味するものではない。例えばヨハネ一・四二でペトロは「あなたはヨハネの子シモンである」と言われているが、これは命名とは無関係である。したがってマタイ一六・一八の言葉は、すでにシモンがペトロと呼ばれていたことを確認するものとして理解することができる。

すると、四福音書の記事からは、十二人の任命（マルコ三・一六、ルカ六・一四）あるいはイエスとシモンとの最初の出会い（ヨハネ一・四二）を命名のときと考えることができる。そのいずれであったかを確定することは難しいが、どちらかと言えば、最初の出会いの直後よりもそれから一定の期間を経た十二人の任命の時のほうが考えやすい（七八頁以下）。

他方、この命名の起源を初代教会に求める研究者たちもいる。ペトロはイエスの復活の最初の証人であり、少なくとも最初期にはエルサレム教会を代表する指導者であったので（一四五頁以下）、初代教会の中でこの名前を付けられたのだ、というのである。しかし、ペトロがイエス自身からその名前を与えられたということは、四福音書が一致して証言している。そのことは初代教会に広く知られていたのである。もちろん、命名の時に関する諸福音書の報告の不一致は、それがイエスに遡ることを疑う根拠にはならない。

ケファの意味

先に引用したヨハネ一・四二のアラム語ケファ／ギリシア語ペトロスは（六九頁）、一般に「岩」の意味に理解されている（例えばフランシスコ会訳『新約聖書』、『聖書　新共同訳』、岩波書店版『新約聖書』脚注）。これに対し、近年この添え名を「石」の意味に理解する研究者が目立つ（例えばR. Pesch, S. 29 ff.; P. Lampe, Sp.1160; U・ルッ　二巻　四五二頁、小河陽　四八頁）。たしかにクムラン出土のヨブ記タルグムその他のユダヤ教文書から見て、ケファを「岩」と訳すことは可能であるが（M. Hengel, S.32 ff.）、その主要な意味は「石」である。ケファの訳語とされているギリシア語ペトロスも同様である。それは岩の意味に使われることもあるが、先ずは「石」

を意味する。小石でも火打石でも石投げの石でも石塊《せっかい》でもよい。ケファ／ペトロスという添え名も岩よりはむしろ石の意味でつけられたのであろう。

キリスト教以前にケファもペトロスも人名や添え名に用いられることはほとんどなかった。なぜイエスはシモンにこの特異な添え名をつけたのだろうか。当時のラビたちもよく弟子にその外貌《がいぼう》や人柄の特色を表すような添え名をつけたものである。例えば古代のラビ文献によれば、ラバン＝ヨハナン＝ベン＝ザッカイ（八〇年頃没）はラビ＝エリエゼル＝ベン＝ヒルカノスを「一滴も漏らない塗りこめた水ため」と呼んだ（『ミシュナー』「ピルケ・アボス」二・八。石川耕一郎訳）。イエスもシモンの個人的特色——頑健なからだ、強固な意志など？——を示すために彼にケファ（石）という添え名を与えたのだろうか。たしかにキリスト教美術は時としてペトロを筋骨のたくましい男として描いてきたが、彼の外観について福音書は何も報じていない。それに、彼は人間的な弱さを曝《さら》け出している（一三一頁以下）。ケファという添え名は強い男としての彼の個性ではなく、弟子たちの中での彼の立場を示していると考えるべきであろう。ケファには貴い石（宝石）も含まれる。そしてユダヤ的伝統の中で、貴い石はしばしば重要な人物を指すメタファー（隠喩）として使われた。イエスはシモンをケファと呼ぶことによって彼を弟子の筆頭に定めたのではなかろうか。実際ペトロは、次に述べるように、福音書の中で弟子たちの代表、代弁者として比類なき特別な地位に置かれているのである。

三　弟子の筆頭

十二人という数

神の国が間近に迫っていることを宣《の》べ伝え、その徴《しるし》として悪霊祓《あくれいばら》いと病気の癒しを行うイエスの活動が多くの人々を引きつけたことを、福音書は繰り返し報じている（マルコ一・三二〜三三並行、二・一〜一二、三・七〜八並行、四・一並行）。おびただしい群集が彼に従った。その群集とは別に、イエスには少なからぬ弟子たちがいたが、その数は定かでない。おそらく彼は活動の初期にその弟子たちの中からペトロをはじめとする十二人を任命したのであろう。それはマルコによれば「彼らを自分のそばに置くため、また、派遣して宣教させ、悪霊を追い出す権能を持たせるためであった」（三・一四〜一五）。

福音書の中で多くの場合「弟子たち」という言葉はイエスに近い、比較的狭い範囲の弟子たちを表している。その人数はあまり大きくない一軒の家に集まったり（四五頁、六七頁）、一艘《そう》の舟に乗ったりすることができるほどの数であった（マルコ四・三六並行、七・一七）。従って、福音書の中で「弟子たち」と呼ばれる狭い範囲の弟子たちは十二人と同一視してもよかろう。

十二という数はユダヤ人には特に重要な象徴的意味を持っている。彼らの間では、神の選民としてのイスラエルの民は族長ヤコブの十二人の息子（創世記三五・二二〜二六）に遡る十二部族から成っていると考えられていたからである。それに対して、教会は初めからみずからを新しい真のイスラエル、すなわちイエスをメシアとする信仰に基づいて結ばれている終末時の神の民として理解した。それはイエスを拒絶した本来の血縁的・民族的イスラエルに代わる新しい「神のイスラエル」（ガラテヤ六・一六。なおローマ四・一六、第一コリント一〇・一八参照）にほかならない。教会にとって十二はそのことを表す象徴的な数であった。世界に散在しているキリスト教徒は「離散している十二部族の人たち」（ヤコブ一・一）と呼ばれている。

イエスによる任命

では十二人という弟子グループは、実際にはこのような教会の自己理解からエルサレム教会で初めて成立したのだろうか。しかし、パウロ以前に遡るイエスの復活に関する新約聖書最古の伝承の中で、十二人は既存の集団として言及されている。すなわち、復活のキリストは「ケファに現れ、その後十二人に現れた」（第一コリント一五・五）。イエスを裏切ったイスカリオテのユダが「十二人の一人」（マルコ一四・一〇並行）と呼ばれていることも、イエスの生前における十二人の存在を指し示している。イエスが彼自身の選んだ十二人の側近グループの一人によって裏切られたということは、教会を困惑させたはずである。この伝承が後から教会によって作り出されたということは考えにくい。

さらに、新約聖書から見るかぎり、「十二人」がエルサレムあるいはその他の地域の教会で神学的にも実践的にも特に重要な意義を担い続けることはなかったことにも注意しなければならない。使徒言行録において十二人は、四八年頃に開かれたエルサレム会議を境に（一五・六、二二）、姿を見せなくなる。この記述が使徒時代の教会史についての著者ルカの見方を表していることは事実である（二三〇頁）。しかしパウロも、第一コリント一五・五で十二人をイエスの復活の重要な証人とするエルサレム教会起源の古い伝承を引用しているが、ほかでは十二人にまったく言及していない。熱心なユダヤ教徒としてキリスト教を徹底的に迫害していたパウロが回心*後二度目にエルサレム教会を訪問したときには、すなわちエルサレム会議（四八年頃）の際には、その教会の代表者「つまり柱と目されるおもだった人たち」は、イエスの兄弟ヤコブと、ペトロ、ゼベダイの子ヨハネの三人だけであった（ガラテヤ二・一以下。一六五頁）。すでにアグリッパ一世の支配下で十二人の一人ゼベダイの子ヤコブが殉教したときには（使徒一二・二。四二年頃）、イスカリオテのユダの脱落の場合とは異なり、十二人の補充はもはや行われていない。

　このことは、十二人の中にイスカリオテのユダが含まれていたという否定し得ない事実と相俟《ま》って、十二人が新しい真のイスラエルとしての教会の自己理解からつくりだされたのではなく、イエ

*　卓越したファリサイ派の律法学者ガマリエルの下で学び、ユダヤ教に精通し、キリスト教を激しく迫害していたパウロは、復活のイエスとの出会いをとおして、キリストの福音を異邦人に伝える使徒とされた。この一八〇度の転換をパウロの回心という（ガラテヤ一・一三〜一六、フィリピ三・五〜一一、使徒九・一〜九他）。

ス自身によって任命されたことを示唆する。すなわち彼らは、イエスによって特別に選ばれた者であるゆえ、教会の中で最初は重んじられ、一定の指導的役割を果たしたが、その後まもなく、後代の伝承あるいは伝説にもかかわらず（エウセビオス『教会史』三・一・一、ヤコブス＝デ＝ウォラギネ『黄金伝説』）、十二人のグループとしては教会の中で重要な存在ではなくなってしまったと考えられる。

十二人の顔ぶれ

新約聖書における十二人のリスト（マルコ三・一六〜一九、マタイ一〇・二〜四、ルカ六・一四〜一六。使徒一・一三はイスカリオテのユダを除く十一人）には多少の異同がある。マルコ福音書によると十二人はシモン（ペトロ）を筆頭にゼベダイの子ヤコブとその兄弟ヨハネ、アンデレ、フィリポ、バルトロマイ、マタイ、トマス、アルファイの子ヤコブ、タダイ、熱心党（三〇頁以下）のシモン、イスカリオテのユダである（三・一六〜一九）。このうちペトロとアンデレ、ゼベダイの子ヤコブとヨハネの二組の兄弟はガリラヤ湖の漁師、マタイは徴税人であった（マタイ一〇・三）。すでに述べたように（三三頁）、ペトロは熱心党員であったという推測には確かな根拠がない。イスカリオテのユダについては、「イスカリオテ」を「短刀（シーカ）を持つ者」つまり刺客という意味のラテン語シーカーリウスと結びつけ、彼を反ローマ闘争の過激派シーカーリイ（シーカーリウスの複数形）の一員とする見方がある。しかし、シーカーリウスがどうしてイスカリオテと表記されるようになったのか。これについて言語学的に納得のいく説明はなされていない。一般には、イスカリオテはユダヤの町「ケリヨトの人（ヘブライ語イシュ）」の意味に取られているが、これも確かでない。そのほかイスカリオテは「偽り者」を意味するアラム語シェカルに由来するという説も唱えられ、この名前をめぐる問題はまだ決着していない。

　いずれにせよ、十二人の中にはマタイのようにローマの支配に協力する徴税人であった者もいたし、それとは対照的に、武器を手に取ってローマ人と戦う熱心党員であったと考えられるシモンのような者もいた。フィリポ、バルトロマイ、トマス、アルファイの子ヤコブ、タダイ、あるいはヤコブの子ユダについては、その前歴はまったく分からない。しかし十二人は、おそらくだれ一人としてユダヤ社会の宗教的・社会的なエリート、いわゆる「知恵ある者や賢い者」ではなく、イエスをとおして神の啓示を与えられた「幼子《おさなご》のような者」（マタイ一一・二五）であったのであろう。

十二人の伝道

　イエスが自分に近い弟子として十二人を選んだのはたしかに一つの象徴的な行為であった。しかしそれは彼らを将来建設されるべき新しいイスラエルとしての教会の中核とすることを意図してのことではない。この世界に終末をもって始まる神の国が近いことを確信していたイエスが歴史の中に幾世紀にもわたって存続する教会の建設を目指したとは考えられない。「教会」（ギリシア語エクレーシア）という言葉はキリスト教にとって最初から非常に重要な言葉で、新約聖書の中で一一四回も使われているが、福音書ではマタイ一六・一八、一八・一七に全部で三回現れるだけである。しかもこれらの箇所は伝承の比較的新しい層に属している。

イエスは十二人の選びによって、彼の伝道が全イスラエルに向けられていることを象徴的に示したのではなかろうか。彼が十二人を派遣したのは、彼らをとおして彼の宣教の業《わざ》をイスラエルの町々村々に展開することによって神の国の到来に備え、それを待ち望む神の民の群れをつくろうとしたからであろう。イエスと同じように十二人も、悪霊を追い出し病人を癒す権能を持ち、イスラエルの人々に神の国の接近を告知し、悔い改めを要求した（マルコ六・一二〜一三並行）。だがイエスは神の国から異邦人を除外しなかった。「異邦人の道に行ってはならない。また、サマリア人の町に入ってはならない」（マタイ一〇・六）という十二人への指示は、イエスの言葉ではなく、異邦人やサマリア人への伝道に反対するパレスチナの一部のユダヤ人キリスト者たちに由来するものであろう。この言葉はマタイ福音書に記されているだけである。当時のユダヤ人の感情を逆なでするかのように、サマリア人を隣人愛の鑑《かがみ》とし（ルカ一〇・三〇〜三七）、異邦人を信仰の模範として示したイエスが（マタイ八・五〜一三）、このように排他的・民族主義的な響きをもつ言葉を語ったとは思えない。後にペトロが行ったサマリア人や異邦人への伝道は、彼らに対して開かれたイエスの態度の延長線上にある。

十二人は、当時ユダヤ人の旅がしばしばそうであったように（マルコ一一・一、一四・一三、ルカ七・一八、ヨハネ一・三五）、二人ずつ派遣された（マルコ六・七。なお七二人の派遣についてルカ一〇・一）。こうして彼らは互いに助け合うことができ、その宣教は二人の証人の言葉として信頼性を得る（申命記一九・一五）。二人一緒の伝道の旅は後に教会の慣わしにもなった（使徒一三・二以下、一五・三九～四〇）。

派遣の際の指示

派遣に際してイエスが十二人あるいは七二人の弟子たちに与えたといわれる指示は、福音書の中で相異なる形で伝えられている（マルコ六・八～一一、マタイ一〇・五～一五、ルカ九・三～五、一〇・二～一二）。マルコによると、イエスは十二人に「旅には杖一本のほか何も持たず、パンも、袋も、また帯の中に金も持たず、ただ履物は履くように、そして『下着は二枚着てはならない』と命じられた」。ここで携帯を禁じられている袋は人々から受けた食物や金を入れる合切《がっさい》袋であろう。杖は歩行を助けるだけではなく、野獣や盗賊から身を守るためにも用いられた。これに対しルカ九・三～五ではその杖の携帯も禁じられ、マタイ一〇・五～一五では袋と二枚の下着と杖の所持だけではなく、履物をはくことも禁じられている。一方、ルカ一〇・二～一二では七二人に財布と袋の携帯および履物をはくことが禁じられている。当時パレスチナでは人々は一般に履物をはいたが、貧しい者たちは素足で歩いたという。ここでマタイとルカは、より厳しい指示を伝える資料を用いている。おそらくこのほうが原初的であり、マルコはそれを緩和した修正版を提示しているのであろう。

　これらの指示は現形においては放浪の旅をしながら宣教に従事する伝道者のために教会で形づくられたものであるが、基本的にはイエスに遡ると見てよかろう。このようにパンや金はおろか自衛のための杖を持つことも履物をはくことも禁じられた十二人は、貧しく無防備の状態で伝道の旅に出る。食事と宿泊は迎え入れてくれる者の好意に頼らなければならないが（マタイ一〇・一一）、それも確実に保障されているわけではない。しかし十二人の貧弱な旅装と社会的に不安定な生き方は、彼らが伝えるべきイエスの告知の内容を象徴的に表すデモンストレーションでもあった。神の国は貧しい人々に与えられる（ルカ六・二〇）。そして神の国の民は最小限の自衛手段をも放棄し、報復を断念し、平和に徹する（マタイ五・九、三八～四五）。神の国の接近を告知する者たちは、もはやその生活の確実な基盤をこの世界の中に置かず、自分の存在のすべてを神の国に方向づけることを求められる。神の配慮に身を委ねるのである。イエスは言う。「狐には穴があり、空の鳥には巣がある。だが、人の子（イエス）には枕する所もない」（マタイ八・二〇並行）。「命のことで何を食べようか、体のことで何を着ようかと思い悩むな。……烏（マタイ六・二六では鳥）のことを考えてみなさい。種も蒔《ま》かず、刈り入れもせず、納屋《なや》も倉も持たない。だが、神は烏（同上）を養ってくださる。あなたがたは、鳥よりもどれほど価値があることか。……野原の花がどのように育つかを考えてみなさい。働きもせず紡《つむ》ぎもしない。しかし、言っておく。栄華を極めたソロモンでさえ、この花の一つほどにも着飾ってはいなかった。今日は野にあって、明日は炉に投げ込まれる草でさえ、神はこのように装ってくださる。まして、あなたがたにはなおさらのことである。……あなたがたも何を食べようか、何を飲もうかと考えてはならない。また、思い悩むな。……ただ、神の国を求めなさい。そうすれば、これらのものは加えて与えられる」（ルカ一二・二二〜三一並行）。パンも杖も持たず、履物もはかずに神の国の宣教に派遣される十二人の姿に、この言葉の具現を見ることができよう。

神の家族

家や職業から離れてイエスに従った者たちは、血縁ではなく信仰によって結ばれた、まったく新しい一つの家族を形づくる。イエスは母と兄弟たちが自分に会いに来たことを聞くと、「わたしの母、わたしの兄弟とはだれか」と応じ、周りに座っている人々を見回して、「見なさい。ここにわたしの母、わたしの兄弟がいる。神の御心を行う人こそ、わたしの兄弟、姉妹、また母なのだ」と宣言した（マルコ三・三三〜三五並行）。職業を捨てて遍歴の伝道者イエスの後に従ったペトロも、この新しい家族の一員であった。しかし彼は血縁の家族との断絶を伴わずにイエスの運動に身を投じることができた。それは、前述したように、彼の妻も姑も家庭にあってこの運動に協力していたからであろう（四八頁）。彼女たちはマリアとマルタの姉妹（ルカ一〇・三八〜四二）のように家に留まり、イエスの一行に食事を供するなどして、その運動を支援していた。

一方、神の家族の「姉妹」の中には、伝道の旅を続けるイエスの後に従い、伝道のために奉仕する女性たちもいた（ルカ八・一～三）。このように女性が家を離れて公の場で宣教活動に従事する姿は、当時のユダヤ社会では特異なものであったにちがいない。ここにイエスの運動の一つの大きな特色がある。「イエスの運動は女性の運動でもあった。だがそのことは、諸福音書の中で、史的現実に対してあまりにも背後に隠れてしまっている」（M. Hengel. S.178）。イエスが十字架の刑に処せられたとき、そこにはペトロをはじめとする男性の弟子たちの姿はなかったが、イエスに従って来た女性たちが彼の死を遠くから見守っていた（マルコ一五・四〇～四一）。その中の二人はイエスの遺体が葬られる場所を見とどけたと言われている（一五・四七並行）。

イエスに特に近い者たち　十二人の中でもペトロ、ゼベダイの子ヤコブ、ヨハネの三人はイエスに特に近い弟子たちであった。会堂長ヤイロの娘の蘇生のときも（マルコ五・三七）、山上の変容のときも（九・二並行）、ゲツセマネの祈りのときも（一四・三三並行）、彼らだけがイエスと共に、あるいは彼から少し離れた所にいた。彼らはこれらの重要な出来事の証人なのである。終末に関するイエスの詳しい教えは、この三人とアンデレの求めに応じて、彼らだけに語られる（一三・三）。

福音書が報じる三人あるいは四人のこのような位置づけに、初代のエルサレム教会における彼らの立場の反映を見る必要はない。彼らはいずれもイエスが居住し、その宣教活動の主要舞台ともなったカファルナウムに住んでいた。イエスがそこで活動を始めてから間もなくその運動に参加し、弟子たちの中で先輩格であった。このような事情も手伝ったのだろうか、イエスは特に彼らを自分の近くに置いていた。イエスはシモンとヤコブとヨハネの三人にだけ添え名をつけている（マルコ三・一六〜一七）。しかし後の伝承は――シモン＝ペトロの場合とは対照的に――ボアネルゲ（「雷の子ら」）というゼベダイの子たちの添え名には関心を持たなくなった。マタイ福音書、ルカ福音書、使徒言行録（一・一三）における十二人あるいは十一人のリストには、もはやそれは記されていない。この事実からもシモンの添え名ペトロの重要性を窺《うかが》い知ることができる。

ペトロの地位と役割

イエスに特に近い三人の中でも、ペトロは弟子たちの代表格として特別な役割を担っていた。新約聖書に記されている十二人（あるいは十一人）の四つのリストは、細部に相異があるが（八〇頁）、すべてがペトロを最初に置いている。特にマタイは彼を「第一の者」として際立たせている（一〇・二。二二〇頁）。マルコやルカの福音書に見られる「シモン（あるいはペトロ）および彼と一緒にいる者たち」（マルコ一・三六、ルカ九・三二）という言い回しも、ペトロが弟子たちの代表格であることを示している。

事実、ペトロは山上の変容の場では三人の代弁者として振舞う（マルコ九・五並行。九五頁以下）。

それだけではない。彼はイエスがメシアであることを、弟子たちを代表して告白する（九七頁以下）。イエスの言葉によって枯れてしまったいちじくの木を見た弟子たちの中で、そのことをイエスに伝えたのもペトロである（一一・二一）。彼はイエスに無条件に従って来たと明言し（一〇・二八並行）、身に危険が迫ってもイエスから離反することはないと断言する（一四・二九並行）。これも弟子たちを代表しての発言である。ゲツセマネの園でイエスが苦悶《くもん》のうちに祈っているときにペトロとヤコブ、ヨハネはそのすぐ近くまで来たが（一四・三五）眠ってしまった。そこに戻ってきたイエスは特にペトロに声をかける（一四・三七並行）。そしてマルコによると、イエスが復活した朝、空虚の墓を訪れた女性たちは、そのことについて「弟子たちとペトロに告げなさい」と天使から命じられる（一六・七）。ここでもペトロが特別に言及されている。

　右の素描はマルコ福音書に基づくものである。たしかに諸福音書の間には、ペトロの描写にも相異が認められる。しかし、「イエスの愛しておられた弟子」をペトロに対抗して際立たせているヨハネ福音書も含めて、各福音書はペトロが弟子たちの代表格であったことをそれぞれの仕方で示している（二一八頁以下）。もちろんこれらの記述はかならずしも史実と正確に重なるわけではない。福音書のペトロ描写には、イエスの場合と同様に、伝説的要素が含まれ、教会的動機も見出される。しかし全体的に見て、ペトロが弟子たちの代表格であったことは疑い得ない。だがイエスの生前は、ペトロはけっして弟子グループの指導者ではなく、むしろイエスに絶対的に従うべき弟子の一人であった。否、それだけではない。次に述べるように、イエスに対する無理解という負の側面においても、ペトロは弟子たちを代表している。

四　無理解

弟子たちの無理解

マルコによるとイエスが十二人を任命した目的は伝道への派遣（八一頁以下）と教育にあった（三・一三）。彼らはイエスの振舞いをつぶさに目撃し、かつイエスから特別に教育を受ける。十二人と、彼らと一緒にイエスの周りにいた者たちは、イエスが群集に語った譬《たと》えの意味について後からイエスに質問し、説明を受ける（四・一〇～一二）。人を汚すものについての謎めいた言葉（七・一七～二三）や離婚に反対する論争的な言葉（一〇・一〇～一二）の意味も、後から弟子たちに示される。悪霊追放の秘訣《ひけつ》もそうである（九・二八）。終末の出来事については特にペトロ、ヤコブ、ヨハネ、アンデレだけがイエスから教えを受ける（一三・三。マタイ二四・三では弟子たち）。イエスの死と復活の予告を聞くのも弟子たちに限られている（八・三一並行、九・三一並行、一〇・三二並行）。

しかし、それにともない弟子たちの無理解もますます明らかになる。それは特にマルコ福音書の中で顕著である。十二人はイエスの傍《そば》にいてイエスから特別に教えられていながら、彼を理解することができない。彼らは「種まき」の譬えの意味が分からず、イエスから「このたとえが分からないのか。では、どうしてほかのたとえが理解できるだろうか」（四・一三）と叱られる。旧約聖書の食物規定を事実上無効にするイエスの言葉（七・一五）も理解することができない。その弟子たちにイエスは言う。「あなたがたも、そんなに物分かりが悪いのか」（七・一八並行）。悪霊追放には祈りが不可欠であることさえ彼らは分かっていないのである（九・二八～二九並行）。また彼らは、わずかな食物で大群衆を満腹させるというイエスの大きな奇跡を二度、目撃した後も、舟の中で、イエスが共にいるのに、自分たちのパンのことで心配し、イエスから叱責《しっせき》される。「まだ悟らないのか」（八・一六～二一並行）。

受難について

ペトロをはじめとする十二人の無理解は、イエスの受難に関して特に目立つ。ここで彼らは繰り返し無理解を露呈するのである。ペトロの告白（九七頁以下）の後、エルサレムに向かう途上で、イエスは彼らに自分の受難を三度予告する。「人の子（イエス）は必ず多くの苦しみを受け、長老、祭司長、律法学者たちから排斥されて殺され、三日の後に復活することになっている」（マルコ八・三一並行）。「人の子は、人々の手に引き渡され、殺される。殺されて三日の後に復活する」（九・三一並行）。「今、わたしたちはエルサレムへ上って行く。人の子は祭司長たちや律法学者たちに引き渡される。彼らは死刑を宣告して異邦人に引き渡す。異邦人は人の子を侮辱し、唾《つば》をかけ、鞭打《むちう》ったうえで殺す。そして、人の子は三日の後に復活する」（一〇・三三〜三四並行）。イエスの受難と復活について予告するこれらの言葉は、現形においては、ある出来事をそれが生じた後に預言として述べるいわゆる事後預言である。たしかにイエスは自分の受難と復活についてここに書かれているように明細に予告することはなかったであろう。しかし彼は、旧約聖書的・ユダヤ教的伝統の中で、預言者や義人の受難について知っていたはずである（マタイ五・一二並行、二三・三五並行、三七並行）。洗礼者ヨハネの殺害のことも聞いていた（二二頁以下）。イエスの反律法的言動（七二頁）は律法学者やファリサイ派の人たちの間に激しい敵意を惹《ひ》き起こしていた。イエスが生命の危険を感じ取り、自分が殺されることを弟子たちに何らかの形で予告したことは、けっして考えられないことではない。

十字架上のキリスト　頭上の罪状書I・N・R・Iは「ナザレのイエス、ユダヤ人の王」を意味するラテン語の頭文字（ヨハネ福音書19，19）。スルバラン、1650年。サンクト-ペテルブルク、エルミタージュ美術館

それでは、なぜイエスは死を覚悟のうえでエルサレムに行ったのだろうか。地方の敬虔《けいけん》なユダヤ人の一人として過越祭《すぎこしさい》の巡礼を熱望したまでのことであったのか。あるいは、大勢の巡礼者が集まる過越祭のエルサレムで、律法をも超える父

なる神の無限定の愛と神の国の福音を告げ知らせ、その神に立ち返ること（悔い改め）を訴えようとしたのか。それにしても、彼は自分の前途を脅《おびや》かす刑死をどのように受けとめたのだろうか。それを預言者や義人の受難と重ね合わせて考えたのだろうか。あるいはイザヤ書五三章の主の僕《しもべ》の歌に基づいて、自分の死を「多くの人」のための贖罪の死として理解したのだろうか。人の子（イエス）は「多くの人の身代金として自分の命を献げるために来たのである」（マルコ一〇・四五並行）、「これは、多くの人のために流されるわたしの血、契約の血である」（一四・二四並行）というイエスの言葉は、この見方を支持する。しかし、これらの言葉はイエスの死をイザヤ書五三章から贖罪論的に解釈した初代教会に由来する、と考える研究者は少なくない。新約聖書研究においてつねに問い直され、論じられているこの大問題に立ち入ることはここではとうていできない。イエスは迫り来るおのれの処刑について真剣に神に問い、その死に何らかの宗教的意味を見出したであろう。しかしそれは彼の神秘である。いずれにせよ、弟子たちの期待にもかかわらず、イエスは彼らが待ち望む民族的・政治的メシアとなることを拒んだことは確かである。

　したがって、イエスの受難予告は弟子たちには青天の霹靂《へきれき》、恐ろしいこと、受け入れがたいことであった（マルコ八・三一並行）。二度目の予告を聞いたとき、彼らは「この言葉が分からなかったが、怖くて、尋ねられなかった」とマルコは報じている（九・三二）。彼らは師の受難の予告をあえて聞き流し、自分たちの中でだれがいちばん偉いかと論じはじめたのである（九・三四）。そして、かつてペトロの漁師仲間であったゼベダイの子ヤコブとヨハネの兄弟は、三回目の予告を聞いた直後に、それをまったく意に介さないかのごとくに、イエスの前に進み出て、イエスが栄光を受けるときに自分たちを高い地位につけてくれるようにと願う。その二人にイエスは「あなたがたは、自分が何を願っているか、分かっていない」と答える。他の一〇人はこれを聞いて、二人のことで腹を立てたという（マルコ一〇・三五～四五。「あなたが栄光を受けるとき」というマルコ一〇・三七の語句は、マタイ二〇・二一で「あなたの王国――すなわちイエスのメシア王国――で」に書きなおされている）。腹を立てたのは、ペトロを含めて、彼らも高い地位への野心から自由になっていなかったからであろう。

後にイエスがゲッセマネの園で逮捕されたとき、「弟子たちは皆、イエスを見捨てて逃げてしまった」（マルコ一四・五〇並行）。そのとき彼らの心を支配したのは、ただ驚愕《きょうがく》と恐怖、幻滅と失望ではなかったか。メシアとしての支配と栄光をイエスに期待していた彼らには、メシアの受難は絶対に受け入れられるものではなかった。

サタン、引き下がれ。

次の第五節で詳述するように（一〇四頁以下）、イエスに向かって「あなたはメシアです」と告白したペトロは、イエスの受難予告を受け入れることができず、かえって師をいさめ始める。すると「イエスは振り返って、弟子たちを見ながら、ペトロを叱って言われた。『サタン、引き下がれ。あなたは神のことを思わず、人間のことを思っている』」（マルコ八・三三並行）。イエスが「弟子たちを見ながらペトロを叱った」ということは、他の弟子たちもペトロと同じ思いであったことを示唆する。ここでもペトロは弟子たちを代表する形で受難予告に反対し、イエスから厳しく叱責されている。

　福音書の中でサタンはイエスを神から引き離そうとする巧妙な誘惑者として登場する（マルコ一・一二～一三並行）。サタンは悪霊どものかしらであり、イエスの最大の敵対者である（三・二二～二七並行）。イエスの公生涯はサタンとの戦いでもあった（ルカ一〇・一八）。イエスは神の定めである受難の道を歩むことを妨げようとするペトロの中にサタンの働きを見たのであろう。ペトロに対するイエスの厳しい叱責は、神の意志に関する両者の理解が根本的に相容《い》れないものであることを示している。

山上の変容

　ペトロのメシア告白から六日後に、イエスはペトロ、ヤコブ、ヨハネだけを連れて高い山に登る。そこでイエスの姿が変わり、衣は真っ白に輝いたという（マルコ九・二～八並行）。預言者エリヤがモーセと一緒に現れ、イエスと語り合う。聖書にはエリヤ（前九世紀のイスラエルの預言者）は死ぬことなく、天に上ったと書かれている（列王記下二・一一）。モーセについても、「今日にいたるまで、だれも彼が葬られた場所を知らない」という申命記三四・六の記述から、ユダヤ人の間に昇天の伝承が生れた。今や山上で栄光の姿に変容したイエスは、天の存在として、この二人の天的存在と語り合う。その光景を見たペトロは口をはさんで、イエスとモーセとエリヤのために仮小屋を三つ建てることを提案する。そのとき雲が弟子たちを覆い、雲の中から神の声が聞こえた。「これはわたしの愛する子。これに聞け」。

ここでは、イエスを神の子とする初代教会のキリスト論的主張と並んで、ペトロの無理解が前面に出ている。彼が三つの仮小屋を建てることを提案したのは「どう言えばよいのか、分からなかったからである」、とマルコは説明する。ペトロはイエスが受難の道を歩んでいることを少しも理解せずに、師を山上の栄光の場に引き止めようとしたのだろう。ペトロが望んだのは受難ではなく、ただ栄光であった。

キリストの変容　インゲボルク詩編集。コンデ美術館

物語の舞台である高い山は古来タボル山と同一視されてきた。標高五八八メートル、ガリラヤ湖の南端から西南西約二〇キロメートルに位置する。他方、それはパレスチナの北方に聳《そび》える標高二八一五メートルのヘルモン山であったという説もある。いずれにせよ、これはイエスが天の存在であることを示すために初代教会で形づくられた顕現（エピファニー）

物語であろう。

変容の山を下りるとき、イエスは三人の弟子に「人の子（イエス）が死者の中から復活するまでは、今見たことをだれにも話してはいけない」と命じるが、彼らは死者の中からの復活について理解できず、互いに論じ合う（マルコ九・九〜一〇並行）。イエスの死を理解できないペトロと他の弟子たちに、その復活が理解できるはずがない。

無理解はペトロの実像

右に述べたように、マルコはペトロをはじめとする弟子たちの無理解を際立たせている。それはマルコ福音書の大きな特色の一つである（八九頁以下）。弟子たちはカファルナウムで始められたイエスの伝道の当初からゲツセマネの園における彼の逮捕の瞬間まで、師と一緒にいる間ずっと、師を理解することができない。このように弟子たちの無理解を際立たせる個々の描写には、著者の何らかの意図が感じられる（二一九頁）。しかしこれをまったくマルコの創作であると見ることはできまい。四人の福音書著者はそれぞれ異なる状況の中で異なる教会的・神学的視点からイエスの出来事を描き出しているが、皆それぞれの仕方で弟子たちの無理解に言及しているのである。イエスに対する弟子たちの無理解を強調するマルコの記述の背後には、最後までイエスを理解できなかったペトロを始めとする弟子たちの実像を見ることができる。

この無理解には特にメシアの問題がかかわっている。たしかにわれわれはイエスのメシア論なるものを知ることはできない。いわゆるイエスのメシア意識についても同様である。しかし彼が弟子たちの民族的・政治的なメシア期待に反対したことは明らかである。イエスは、「どうして律法学者たちは、『メシアはダビデの子だ』と言うのか」と、否定的に問いかけている（マルコ一二・三五並行）。

メシアの問題は同時にイエスの革新性の問題でもある。イエスが父なる神の無限定の愛と、それに基づく愛敵《あいてき》を説き（マタイ五・四三並行）、ユダヤ教の律法から自由に、主体的に振舞ったことは否定できない（一〇五頁）。当時のユダヤ教社会にあって、それはイエス独自の革新的な特色である。このイエスの革新性と弟子たちの通俗的なメシア期待はまったく相容れない。次に述べるペトロのメシア告白は、彼をはじめとする弟子たちの、イエスに対する根本的な無理解を内包している。

五　メシア告白

フィリポ・カイサリア地方へ　マルコはそのペトロの告白についてこう書き記している（八・二七～三〇。マタイ一六・一三～二〇とルカ九・一八～二一に並行記事、ヨハネ六・六六～七一にその異形がある）。

イエスは、弟子たちとフィリポ・カイサリア地方の方々の村にお出かけになった。その途中、弟子たちに、「人々は、わたしのことを何者だと言っているか」と言われた。弟子たちは言った。「『洗礼者ヨハネだ』と言っています。ほかに、『エリヤだ』と言う人も、『預言者の一人だ』と言う人もいます。」そこでイエスがお尋ねになった。「それでは、あなたがたはわたしを何者だと言うのか。」ペトロが答えた。「あなたは、メシアです。」するとイエスは、ご自分のことをだれにも話さないようにと弟子たちを戒《いまし》められた。

フィリポ‐カイサリアはパレスチナの北部、ヘルモン山の南斜面に位置する。標高三二九メートルの高台にある。ヨルダン川の水源に近く、ギリシアの神パンの聖所があり、町はパニアスとも呼ばれた。パンは牧畜の神で、笛が巧みであるが、水や森のニンフたちを探し回り、追いかける好色家でもある。前二〇年にヘロデ大王はその地方を皇帝アウグストゥスから与えられ、パンの聖所の近くに、皇帝を称えて壮麗な大理石の神殿を建て、そこに皇帝の像を置いた。大王が没した（前四年）のち、その都市は大王の息子フィリポに与えられた。彼はそれを拡張美化して自分の領地の首都とし、皇帝（カイサル）ティベリウスの栄誉を称えてカイサリアと名づけ、自分の名をも付した。周辺の村々もその都市に属していた。

イエスはこの地方で公的な活動はしていない。彼が弟子たちと一緒にその地方に旅をしたのは、しばらくの間群集から離れて弟子たちを教育するためであったのか、あるいはイエスの人気を恐れて彼を抹殺しようとしていたガリラヤの分封領主ヘロデ＝アンティパスの追っ手を逃れるためであったのか（マルコ三・六、六・一四～一六並行、一二・一三並行、ルカ一三・三一。二二頁以下）。いずれにせよ、異教の神の礼拝と皇帝の神格化が行われているその地方に行く途中、ペトロは弟子たちを代表してイエスをメシアと告白したのである。

あなたはメシアです

民衆はイエスをヘロデ＝アンティパスの命令で処刑された洗礼者ヨハネ（二二頁）が生き返った者、メシアの先駆者として終末の前に再来するはずの預言者エリヤ、あるいは預言者の一人であると考えた。たしかにイエスは預言者であった。イエス自身も預言者に関する諺《ことわざ》を自分に当てはめている。「預言者が敬われないのは、自分の故郷、親戚や家族の間だけである」（マルコ六・四並行）。しかし福音書が描くイエスは預言者以上の者である。ペトロはイエスに「あなたは、メシアです」と告白する。ここで新共同訳聖書が「メシア」と訳している語はギリシア語本文では「クリストス」（「キリスト」）である。メシアとはヘブライ語で「油を注がれた者」を意味し、クリストスはそれと同義のギリシア語である。新約聖書はこの語をイエスについて固有名詞としても用いている。

旧約聖書ではイスラエルの祭司（出エジプト記二九・七）、預言者（列王記上一九・一六）、王（サムエル記上一〇・一）は任職の時にその頭に油を注がれ、「油注がれた者」と呼ばれたが、終末時の救済者ではない。イスラエルの民全体（詩編二八・八）も、ユダヤ人をバビロン捕囚《ほしゅう》から解放したペルシア王キュロス（イザヤ書四五・一）も、「油注がれた者」である。イエスの活動と関係づけられているイザヤ書六一・一（ルカ四・一八）では、「油を注がれた者」は「貧しい人に良い知らせを伝えさせるために、打ち砕かれた心を包み、捕らわれ人には自由を、つながれている人には解放を告知させるために」神が遣わす者である。

　イエスの時代には、メシアは終末時に待望される救済者の称号となっていた。しかしそのメシア期待は多様な形態をとっている。例えば死海のほとりのクムラン宗団では終末時に二人のメシアの出現が期待されていた。ダビデの家から出る王的メシアと、モーセの兄弟で、最初の大祭司であったとも言われているアロン（出エジプト記四・一四、二九・四〜九、エズラ記七・一〜五）の家から出る大祭司的メシアである（『宗規要覧』九・一一、『ダマスコ文書』一三・二一〜二二）。前者は力強い戦士であるが、後者の下に置かれている（『会衆規定』二・一一〜一六）。大祭司的メシアは終末に起こるべき聖戦においても重要な役割を担う。彼は陣列を配置し、激励し、祝福の言葉を授ける（『戦いの書』一五・四〜一六・一）。

　民衆の間には、ダビデの家系から生まれ、エルサレムを異邦人の支配から解放し、ダビデの王国を以前のそれにまさる栄光と繁栄のうちに回復するメシア的王への待望が広まっていた。それは前一世紀半ばにファリサイ派の中で成立した『ソロモンの詩編』一七・二一～二五で次のように言い表されている。

主よ、ごらんください、あなたが予知なさっている時期に、
神よ、あなたの僕イスラエルに君臨するダビデの子を王にたててください。
そうして彼に力の帯を締めてやってください。
不義な首長たちを打ち破るため、
エルサレムを踏みにじり破壊するもろもろの民からそれをきよめるため、
正義の（ために）知謀《ちぼう》をめぐらし罪びとらを相続の地から撃退するため、
陶工の（ろくろの上の）器のように罪びとの傲慢《ごうまん》をこそぎとるため、
鉄の棒で彼らの本質を粉砕するため、
律法を犯すもろもろの民を彼の口の言葉でほろぼすため、
彼の脅かしでもろもろの民が彼の前からにげ出すため、
心の思いにしたがって罪びとらを咎《とが》めるためです（後藤光一郎訳）。

他方、きわめて好戦的なメシア像がエルサレム‐タルグム一（創世記四九・一〇）に描き出され

ている。それは異民族の抑圧と暴虐に対する流血の報復を渇望《かつぼう》していた当時の民衆の声を伝えている。メシアは戦いの勇士である。

> ユダの家の者たちから出る王、メシアはなんとすばらしいことであろう！　彼は腰に帯を締め、おりて行き、敵に対して戦列を整え、諸王と彼らの権力者たちを殺す。そして、王も権力者も彼の前で存続することはできない。彼は山々を彼らの打ち殺された者たちの血で赤くする。彼の衣は血でぬれている。ぶどうしぼり器のように（M・ヘンゲル『イエスは革命家であったか』一〇五頁）。

史実性の問題

ペトロも民衆のひとりとしてこの種の民族的・政治的メシア期待を抱いていたことであろう。しかし、マルコ八・二七～三〇の記事の史実性を認めない研究者も少なくない。例えばブルトマンは、マルコ八・二七～三〇の伝承を宗教的・建徳的性格を持つ非史実的な「聖伝」（Legende）に数える。彼によればフィリポ - カイサリアという具体的な地名は本来、先行するベトサイダでの盲人の癒しの物語（八・二二～二六）に属し、ペトロの告白とは関係がない。そして、イエスは自分についての世間の意見を知っていたはずであるのに、そのことについて先ず彼のほうから弟子たちに尋ねる。この質問は「答えを誘い出すためのものにすぎず、言い換えれば、律法学者的に作った言葉である」。ここで「〝弟子たち〟は教会を代表しているのであり、この伝承は、教会が外部の者たちとは相違してイエスについて持っている、特別な認識を表わしている。つまりここに見られるのは、信仰聖伝である。すなわちイエスのメシア性への信仰を、ペトロがイエスを前にして行なった最初のメシア告白の物語へとさかのぼらせているのである」（R・ブルトマン　Ⅱ　九三頁）。

初期キリスト教は当時のパレスチナのユダヤ人の間に広まっていたメシア期待とはまったく異なる意味でイエスをメシアと呼んだ。エルサレム教会に遡る古い信仰告白によれば、ダビデの子孫イエスは贖罪死と復活をとおして人間を罪と死から救い出すメシア、神の子である（ローマ一・三、第一コリント一五・三〜四）。ペトロの告白の伝承がイエスをこの意味でメシアと信じ告白する教会の中で成立した可能性は皆無《かいむ》ではなかろう。

これに対して、マルコ八・二七〜三〇の伝承の史実性を擁護《ようご》する学者もいる。その論拠として、この伝承は「フィリポ・カイサリア地方の方々の村」という具体的な地名に言及している（この地名を先行の物語と結びつける試みは説得力に欠ける）、弟子たちを代表してペトロがイエスをメシアと告白するが、イエスはその告白を即座に肯定してはいない、また、イエスが弟子たちに彼ら自身の意見を問う前に先ず世間の見方について弟子たちに尋ねるということは考えられないことではない、ということが挙げられている（V. Taylor, The Gospel according to St. Mark, 1952, pp.374～375; C. E. B. Cranfield, The Gospel according to Saint Mark, 1977, pp.266～277）。これらの点を考慮すると、この伝承は基本的に史実に基づくものであると考えられる。

ペトロの期待

ペトロが何らかの形で民族的・政治的メシア期待の実現をイエスに託していたことは、マルコ八・二七～三〇の記事を別にしても、福音書の他の個所からも推測することができる。

ペトロをはじめとする弟子たちが随従を求めるイエスの呼びかけに応え、職業を捨て、家を後にしてイエスに従ったのは、イエスの言動における偉大なカリスマ性に驚き、イエスの強い力に惹きつけられたからであろう。彼らは「律法学者のようにではなく、権威ある者として」教えるイエスと（マルコ一・二二並行）、彼が行う癒しの奇跡や悪霊祓いに感嘆したことであろう。そのイエスのまわりに大勢の群集が押し寄せる。民衆の間でのイエスの大変な人気を目のあたりにして、弟子たちはイエスに対するメシア的期待にますます胸を膨らませたにちがいない。彼らの心は高揚する。ヤコブとヨハネはイエスを歓迎しないサマリア人の村を、イエスが望みさえすれば、天から火を降らせて焼き滅ぼすことができると確信していた（ルカ九・五一～五六）。イエスは神の奇跡的な力によって同胞をローマの支配から解放し、イスラエルの王国を建てるであろう。群衆もイエスを王にしようとしているのではないか（ヨハネ六・一五）。弟子たちはそのように期待していたのではなかろうか。イエスが自分の受難と復活を初めて弟子たちに予告したときにペトロがイエスをいさめたという記事も、そのことを示している（マルコ八・三二並行。九三頁以下）。

イエスの振舞い

しかしながら、まさしくペトロと他の弟子たちがイエスに期待したメシアを、イエスは拒否した（マルコ一二・三五〜三七並行）。イエスは「悪人にも善人にも太陽を昇らせ、正しい者にも正しくない者にも雨を降らせてくださる」（マタイ五・四五並行）父なる神の無限定の愛を説き、それに徹して生きた。この神の愛のゆえに敵をも愛することを教えた（五・四四並行）。律法の戒めを守り得ない「徴税人や罪人」に神の国を約束した。「わたしが来たのは正しい人を招くためではなく、罪人を招くためである」（マルコ二・一七並行）。たしかにイエスは律法を廃止するために来たのではない（マタイ五・一七）。しかし彼によれば、律法の中で、神への愛と隣人への愛にまさる戒めは他にない。両者は不可分である。この二つによって他のすべての戒めは相対化される（マルコ一二・二八〜三一）。それゆえイエスは、すでに述べたように（七三頁）、安息日、祭儀的浄・不浄、離婚など、ユダヤ人の日常生活にとってきわめて重要な事柄に関して律法の戒めから自由に振舞う（一・四一並行、七・一五並行）。それは律法を基盤とするユダヤ教の価値体系と体制の根幹を揺るがす。当時のユダヤ教指導者たちにとって、イエスは危険な異端者であった。両者の間の厳しい対立は避けられるはずがない。イエスは死を覚悟しなければならなかったであろう。イエスを民族的・政治的メシアと信じるペトロをはじめとする弟子たちにも、メシアたるイエスのこの危険な振舞いを理解し、受け入れることは難しかったにちがいない。いや、むしろ当惑したかもしれない。

沈黙命令

マルコはイエスが自分のメシア性を秘密にしようとしていることを強調している。ここでもイエスは、ペトロのメシア告白に対して肯定も否定もせず、「御自分のことをだれにも話さないようにと弟子たちを戒められた」（八・三〇）。多くの研究者が考えるように、この節は福音書著者が伝承に加えた編集句である。イエスの活動の特色を要約的に報じる三・七〜一二の比較的長いマルコの編集句の中で、超能力をもってイエスの本性を知り「あなたは神の子だ」と叫ぶ汚《けが》れた霊どもに対しても、イエスは沈黙を命じている。

「神の子」はマルコにとってイエスの重要な称号である（一・一、一五・三九）。それを公《おおやけ》にすることをイエスが汚れた霊どもに禁じたのは、マルコによれば、霊どもがイエスの後に従わず、むしろイエスに抵抗するためにそう叫んでいるからである（当時は、相手の本質を表す名前を知ってそれを唱えれば、相手に対して呪術的に力をふるうことができると信じられていた）。

もちろんマルコはペトロのメシア告白をユダヤ的、民族的意味ではなく、キリスト教的な意味で理解している。したがってマルコにとっては、イエスをメシアとするペトロの告白も、イエスを神の子とする悪霊どもの叫びと同様に、それ自体としては正しい。イエス自身が自分がメシアであることを大祭司の前で告白しているのである（一四・六二）。しかし、ペトロのメシア告白には、その直後に明らかになるように（八・三二）、受難のメシアであるイエスへの随従の気構えが欠けている（九三頁）。それゆえペトロと弟子たちは、汚れた霊どもと同じように、イエスのことをだれにも話さないようにと「戒められ」なければならない。これがマルコの言わんとするところであろう（二一九頁）。

　では、イエス自身に遡ると、どうであろうか。イエスが自分の受難をどのように理解したかは依然として大きな謎である（九二頁）。しかし彼が、ユダヤ教指導者たちを憤慨させた、反律法的・革新的な言動（七二頁以下）の帰結として、処刑を覚悟しなければならなくなったことは確かであろう（一〇五頁以下）。だが弟子たちはと言えば、イエスに寄せる通俗的メシア期待のゆえに、師の振舞いの革新性を理解できず、随従の要求に真に応じることができなかった。それゆえ、イエスについて語る資格は彼らにはない。この意味で、マルコ八・三〇の編集句はイエスと弟子たちの現実を指し示していると言えよう。

ペトロに鍵を授けるイエス　ペルジーノ（1446〜1523年）。バチカン、システィーナ礼拝堂

六　祝福と権能

マタイ特有の言葉

マタイ福音書には、ペトロの告白に対するイエスの応答として、他の福音書にはない特別の言葉が記されている。すなわちイエスは、ペトロの告白を聞いて直ちにその内容の公表を禁じるのではなく、先ずペトロを祝福し、彼に大きな権能を授与する（一六・一七〜一九）。

シモン・バルヨナ、あなたは幸いだ。あなたにこのことを現したのは、血肉（＝人間）ではなく、天におられるわたしの父なのだ（一七節）。わたしも言っておく。あなたはペトロ（一八節a）。わたしはこの岩の上にわたしの教会を建てる。陰府《よみ》の門もこれに打ち勝つことはない（一八節b）。わたしはあなたに天の国の鍵を授ける（一九節a）。あなたが地上でつなぐことは、天上でもつながれる。あなたが地上で解くことは、天上でも解かれる（一九節b）。

物語の本来の結びであったか

この言葉の起源についてはいくつかの推測がなされている。ブルトマンはマタイ一六・一七〜一九がペトロの告白の物語の本来の結びであったが、「マルコはそれを取り除き、それとの関連において、パウロ的圏内のヘレニズム‐キリスト教の立場から、ペテロに代表されるユダヤ人キリスト教の見方に対する論駁《ろんばく》を持ち込んだ（八・三二〜三三）」と考える（Ⅱ　九四頁）。

しかしそうであろうか。マルコ福音書にペトロをはじめとする弟子たちの無理解が特に目立つことはすでに述べたとおりである（八九頁）。だがマタイだけではなくマルコにとっても、ペトロはイエスの弟子の筆頭、「使徒の基本的形姿」（M. Hengel, S.45 ff.）である。それに、マルコの時代にパウロ的ヘレニズム‐キリスト教とペトロ的ユダヤ人キリスト教の対立の図式を想定することはできない（一六九頁、一八五頁）。

復活物語であったか

さらにブルトマンは、ペトロのメシア告白の物語は本来イエスの復活の物語であったが、おそらくマルコが初めてそれをイエスの生涯に移したのであろうと推測する（前掲書　九五頁）。しかしこれも疑問である。ヨハネ二〇・二三によれば、復活のイエスはユダヤ人を恐れ家の戸に鍵をかけて隠れていた弟子たちに現れ、彼らに「だれの罪でも、あなたがたが赦せば、その罪は赦される。だれの罪でも、あなたがたが赦さなければ、赦されないまま残る」と言う。この言葉はイエスがペトロに「つなぐ権能」「解く権能」を授けるマタイ一六・一九の言葉にたしかに並行している（マタイ一八・一八ではその権能は弟子たちに与えられている。一一四頁）。またヨハネ二一・一五〜一九で復活のイエスは彼への愛を告白するペトロに「わたしの羊（教会）の世話をしなさい」と命じている。ここにも、ペトロがイエスから教会の指導を委ねられているという意味で、マタイ一六・一七〜一九との並行がある程度まで認められよう。しかし、マタイ一六・一七以下では教会的権能（天の国の鍵）の授与がキリスト論的告白（「あなたはメシア、生ける神の子です」）を受けて行われているのに対し、ヨハネ二一・一五以下では教会指導の職（「羊の世話をする」）への任命がイエスを愛するペトロの真情の吐露《とろ》に続いて行われている。教会の指導職への任命あるいは権能の授与がマタイ一六・一七以下におけるようにキリスト論的告白を受けて行われている例は、福音書の復活物語の中には見出されない。

最後の晩餐のときの言葉か　ブルトマンと対照的に、クルマンはむしろマルコ八・二七〜三三を本来の物語と見なす。受難のメシアとしての自覚を持っていたイエスは、地上的、政治的な王の意味に受け取られる恐れがあるメシアという称号（一〇〇頁以下）に対して、あらわに拒絶はしなかったが、つねに控え目な態度をとっていたので、事実その意味におけるペトロのメシア告白に対しても、マタイ一六・一七〜一九のような言葉は述べなかったであろう、とクルマンは考える。むしろイエスはペトロのメシア告白がサタン的なものであることを看破《かんぱ》するのである。したがってクルマンによれば、ペトロの告白（マルコ八・二七〜三〇）とペトロに対するイエスの叱責（八・三一〜三三）は最初から連続していた一つの史実的な物語であって、その中心点は「サタン、引き下がれ」というペトロに対するイエスの叱責にある。それゆえ、マタイ一六・一七〜一九の言葉を含まないマルコ八・二七〜三三の物語には、「『ペテロの悪魔的キリスト理解に対する叱責』という表題をつけるべきであろう」（『ペテロ』二二二頁）。しかしペトロの告白（マルコ八・二七〜二九）と受難予告・ペトロに対する叱責（八・三一〜三三）は元来別々の伝承であって、その二つをマルコがつなぎ合わせたと見るべきであろう。三一節の「教える」「……し始める」はマルコが編集の際によく使う語彙《ごい》である。それに、イエスは前者では「キリスト」、後者では「人の子」と呼ばれている。しかも、人の子としてのイエスの受難は別の文脈においても予告されている（九・三一、一〇・三二〜三四。九〇頁）。

　さらにクルマンはマタイ一六・一七以下、ルカ二二・三一以下、ヨハネ六・六六以下の大きく異なる三つの記事の背後に共通の資料として「かなり古い伝承に属し、かつヨハネ二一章の著者にも知られていたに相違ない一つの物語」を想定し、その主要内容を次のとおりに再構成している。「最後の晩餐の際に（あるいはその直後に）ペテロがイエスに、あなたは神の子です、と言う。そして彼は、わたしは死に至るまであなたに従っていきます、と誓う。イエスはペテロに、神がペテロにイエスについてのこの啓示を与えた、と答える。そして、イエスはペテロの否認を予告する。しかし同時に彼は付け加える。彼と同じ試みにおちいるであろう弟子団に対して、彼は特別な課題を果たさなければならないだろう、と」（前掲書　二二八～二二九頁）。こうしてクルマンは、マタイ一六・一七～一九の言葉はもともと最後の晩餐の際にイエスによって語られたが、マタイはそれを「ペトロの悪魔的キリスト理解に対する叱責」の物語（マルコ八・二七～三三）の中に挿入したのであろう、と推論する。しかしこのような一つの古い物語からマタイ一六・一七～一九、ルカ二二・三一以下、ヨハネ六・六六以下の三つ記事がそれぞれどのようにして生じたのだろうか。それを説明することは難しい。

マタイによる構成

一方、マタイ一六・一三～二〇がイエスの生涯の一つの出来事に基づいていることを論証しようとする試みもなされている（W. D. Davies, Dale C. Allison, The Gospel according to Saint Matthew, II, 1991, pp.602 ff.）。しかしその場合、なぜマタイ一六・一七～一九に当たる伝承部分がマルコ本文の中で取り除かれているのかという問題がやはり残る（一〇九頁）。

たしかにマタイ一六・一七～一九は物語の構成上ペトロの告白に対するイエスの応答としてふさわしいように見える。しかしこのことはかならずしもこの部分の史実性を保証するものではない。むしろ、次に述べるように、ここではむしろマタイ自身がペトロの告白に合うイエスの応答を構成した可能性を考えるべきであろう。その際マタイはパレスチナ的背景をもつ古い伝承を部分的に用いている。

祝福の言葉

先ず一七節の「バルヨナ」がアラム語である（四七頁以下）。しかし一七節全体が伝承に属するわけではなく、むしろマタイ自身が一八～一九節への導入句としてこの節を書いた可能性が大きい。一七節のギリシア語原文におけるマタイ的な言い回しが指摘されている。とりわけ「天におられる……の父」という表現をこの福音書著者は他の個所でも好んで用いている（五・一六他一二個所。新約聖書では他にマルコ一一・二五のみ）。それに彼は、神的真理がただ神の啓示によって「幼子のような者たち」（＝弟子たち）に示されることをすでに伝承をとおして知っていた（一一・二五～二七）。

この岩の上に　わたしの教会を

一八節の教会建設の言葉の背後にはアラム語の語呂合わせを見ることができる。「あなたはケファ（ギリシア語は男性名詞ペトロス）。わたしはこのケファ（ギリシア語は女性名詞ペトラー）の上にわたしの教会を建てる」。ここではケファは土台石の意味に理解されている。また、「陰府の門もそれに打ち勝つことはない」における動詞「打ち勝つ」（ギリシア語カティスキューオー）はマタイ福音書ではここで使われているだけである。これらのことは、一八節がマタイ以前のアラム語伝承に由来することを示唆する。だがこの節を直ちにイエス自身の言葉と見ることはできないであろう。たしかにイエスはシモンにケファという添え名を与えた（一八節a）。しかし教会の建設について語る一八節bはイエスの言葉ではなかろう。この世の終末と神の国の到来が間近いことを確信していたイエスが将来における「わたしの教会」の建設を意図したであろうか（八一頁）。

つなぐこと、解くこと

すでに指摘したように（一一〇頁）、「あなたが地上でつなぐことは、天上でもつながれる。あなたが地上で解くことは、天上でも解かれる」という一九節bの言葉は、別の文脈で、「あなた」（ペトロ）だけではなく「あなたがた」（弟子たち）に語られたものとして記されている（マタイ一八・一八）。さらにヨハネ二〇・二三にこの言葉の異形がある。このように三つの形で見出される同類の言葉は、一つの伝承に由来するものと考えられる。その場合、単数形「あなた」ではなく、マタイ一八・一八とヨハネ二〇・二三の二つの本文によって証言されている複数形「あなたがた」が本来の形であろう。それは教会の使徒たちあるいは遍歴の伝道者たちを天にいるイエスの全権代表とする初期キリスト教の理解を表している。この複数形を単数形に変えたのはおそらくマタイであろう。彼はこのことによってペトロが使徒の第一人者として独自の地位にあることを強調する（U・ルツ　五九二～五九三頁）。

ここで「つなぐ」「解く」の意味はラビ（ユダヤ教の律法学者）たちにおけるこの一対の概念から説明することができる。そこでは「つなぐ」は「禁止する」、「解く」は「許可する」を意味する。ラビたちは彼らの律法解釈によってある事柄を禁止したり許可したりし、さらに、その判定が天上で神の前でも承認されると確信していた。また、当時のユダヤ教文献では「つなぐ」「解く」は懲《ちょう》戒《かい》的意味をも持ち、しばしば「つなぐ」は会堂からの破門、「解く」はその撤回を指す。ラビによるこのような法廷的判決は天上の法廷で承認されると考えられた。マタイ一六・一九には教学的権能と懲戒的権能の両方が意味されているが、マタイ一八・一八の場合は文脈から見て、懲戒的な意味合いが強い。

こうしてマタイは、天上でも有効な「つなぐ」権能と「解く」権能はユダヤ教のラビたちにあるのではなく、イエスから弟子たちに、特にペトロに、授けられているのだと主張する。マタイ二三・一～三六からも窺い知ることができる、ラビたちによって指導されるヤムニアのユダヤ教とマタイの教会との論争が、一九節bの背景をなしているのであろう（三二頁）。

天の国の鍵　「つなぐこと」「解くこと」に先行する「わたしはあなたに天の国の鍵を授ける」（一九節a）という言葉は、マタイ一八・一八にも、ヨハネ二〇・二三にも現れない。したがって鍵の言葉は、一八節と一九節bをつなぐためのマタイの編集句と見なすことができよう（U・ルツ　五八八～五八九頁）。ここにもユダヤ教に対するマタイの教会の主張が読み取れる。天の国の鍵は律法学者ではなくペトロに与えられているのだ、とマタイは言う（二三・一三）。この福音書著者にとってペトロは「天の門番ではなく、地上における天国の管理人である」（E・シュヴァイツァー『マタイによる福音書』四六六頁）。

七　イエスの受難に直面して

エルサレムへ　イエスの受難を受け入れることができないペトロと他の弟子たちの無理解は、その現実に直面したときに悲劇的な様相を呈する。彼らは過越祭を祝うためにイエスに従ってエルサレムに来た。三〇年春のことであったと考えられる。その祭りは前一三世紀にイスラエルの民がモーセに率いられてエジプトの奴隷の境遇から脱出したことを記念し、春の満月に当たるユダヤ暦ニサン月の一四日と一五日に祝われた。それはエルサレムで神殿を中心に行われる巡礼祭であった。祭りにはパレスチナだけでなく外地からも大勢のユダヤ人がエルサレムに集まった。ヨセフスはネロ帝の時代に二七〇万人ものユダヤ人がエルサレムで過越祭を祝い、その大半がその都の外から来たと述べているが（『戦記』六・四二二〜四二八）、この数はかなり誇張されている。ある学者の算定によると、当時エルサレムの人口は約二万五千人から三万人であったが、過越祭にはそれに加えほぼ八万五千人ほどの巡礼者がその都に集まった（J・エレミアス『イエスの聖餐のことば』五七頁）。そのため多くの巡礼者はエルサレムに宿を見つけることができず、周囲の平地に天幕を張って夜を過ごした。エルサレムに着いたイエスと十二人は、夕方になると都を離れ、そこから約二・八キロメートル東の（ヨハネ一一・一八）、オリーブ山の東側斜面に位置するベタニアに宿泊した（マルコ一一・一一並行）。

過越の食事

過越祭に神殿で犠牲とされる聖なる小羊はエルサレムの門の内で食べなければならなかった。ニサン月の一四日の午後、人々は神殿の祭司の庭でレビ人によって屠《ほふ》られ、その血が祭司によって祭壇の下に注ぎかけられた一歳の雄の小羊を家に持ち帰り、焼いて食する。しかし巡礼者の多くは、うすら寒い季節であったが、屋内にその場所を見つけることができず、中庭や屋上で過越を祝わなければならなかった（J・エレミアス　前掲書　五八頁）。マルコ一四・一二以下によると、イエスと十二人はエルサレムで彼らのために準備されていた二階の広間で過越の食事を祝った。最後の晩餐である。ユダヤの一日は日没から始まるので、その夜はニサン月の一五日になる。

後代の画家たちは、例えば有名なレオナルド＝ダ＝ヴィンチの「最後の晩餐」の絵画に見られるように、イエスと弟子たちが椅子に腰掛けて食事をしている姿を思い思いに描いている。しかし当時、過越の食事は他の饗宴と同様に身を横にして食した。家長は祝福を祈った後、赤葡萄酒を一つの杯に注ぎ、参加者全員がそれを飲む。次に家長は手を洗い、祈り、苦菜にハロセス（葡萄酒と果実を混ぜて作った調味料）をつけ、祈りの後に参加者に与える。それから彼は種《たね》入れぬパンと過越の小羊の肉を取って祈りをささげ、再び杯に赤葡萄酒を注ぎ、祭りの由来とその食物について説明し、祝祷《しゅくとう》を祈る。そのあと参加者はハレルの第一部として詩編一一三編と一一四編を歌い、ハロセスをつけた苦菜を添えて種入れぬパンを食し、過越の小羊の肉を食べる。*さらに三回目の葡萄酒（「祝福の杯」）が注がれる。そして戸が開かれ、第四の杯が出される。ハレルの第二部（詩編一一五～一一八編）の唱和をもって食事は終わる。

* 「種入れぬパン」は酵母を入れずに焼いたパン。イスラエルの民がエジプト脱出のあわただしさの中でまだ酵母の入っていないパンの練り粉を持って急いで出発したことを憶《おぼ》え（出エジプト記一二・一五、三四）、過越祭の食事ではこれを食する。また、「ハレル」は「讃美せよ」を意味するヘブライ語。祝祭日に歌われる一群の詩歌。

最後の晩餐　パンと葡萄酒を指し示すイエスから左にヨハネ、ペトロ。レオナルド＝ダ＝ヴィンチ、1495～98年。ミラノ、サンタ-マリーア-デッレ-グラーツィエ聖堂

裏切りの予告

四福音書はすべて、イエスが最後の晩餐の席で十二人の一人による裏切りを予告したことを報じている（マルコ一四・一八～二一並行）。マルコの記事を引用しよう。

一同が席に着いて食事をしているとき、イエスは言われた。「はっきり言っておくが、あなたがたのうちの一人で、わたしと一緒に食事をしている者が、わたしを裏切ろうとしている。」弟子たちは心を痛めて、「まさかわたしのことでは」と代わる代わる言い始めた。イエスは言われた。「十二人のうちの一人で、わたしと一緒に鉢《はち》に食べ物を浸している者がそれだ。人の子は、聖書に書いてあるとおりに、去って行く。だが、人の子を裏切るその者は不幸だ。生まれなかった方が、その者のためによかった。」

ここでイエスは裏切る者の名前を挙げずに弟子の一人による裏切りを予告し、さらに、厳粛な警告をもって、彼に最後の反省の機会

を与えようとしたのだろうか。このような解釈はまったくの想像にすぎない。この記事の背後には何らかの史実があったであろう。しかし先ずここに見出されるのは初代教会の信仰である。イエスの悲惨な死は「聖書に書いてあるとおりに」すなわち神の計画の中で生じたのだという確信は、初代教会の信仰の基本的要素に属する（第一コリント一五・三）。マルコ福音書では、イエスが十二人の一人に裏切られるという悲劇的な出来事さえも、聖書に示されている神の意思によるものであると言われている。だがここではその聖書の個所として詩編四一・一〇――「わたしの信頼していた仲間、わたしのパンを食べる者が、威張ってわたしを足蹴《あしげ》にします」――が暗示されているだけである。マタイ（二六・二四）はマルコの本文をそのまま取り入れ、ルカは「見よ、わたしを裏切る者が、わたしと一緒に手を食卓に置いている」に変えている（二二・二一）。これに対してヨハネは詩編四一・一〇を直接引用し、ユダの裏切りがその言葉の実現であることを明確にする（一三・一八）。

洗　足

最後の晩餐におけるイエスの振舞いに関して、マルコ、マタイ、ルカの三福音書とヨハネ福音書の間にはさらに大きな相異がある。ヨハネ福音書のイエスは、三福音書が伝えるようにパンと葡萄酒をもって自分の死の意味を説明することはせず、その代わりに弟子たちの足を洗う。この食事は過越の食事ではない。

> さて、過越祭の前のことである。イエスは、この世から父のもとに移る御自分の時が来たことを悟り、世にいる弟子たちを愛して、この上なく愛し抜かれた。夕食の時であった。……イエスは……食事の席から立ち上がって上着を脱ぎ、手ぬぐいを取って腰にまとわれた。それから、たらいに水をくんで弟子たちの足を洗い、腰にまとった手ぬぐいでふき始められた。シモン・ペトロのところに来ると、ペトロは、「主よ、あなたがわたしの足を洗ってくださるのですか」と言った。イエスは答えて、「わたしのしていることは、今あなたには分かるまいが、後で、分かるようになる」と言われた。ペトロが、「わたしの足など、決して洗わないでください」と言うと、イエスは、「もしわたしがあなたを洗わないなら、あなたはわたしと何のかかわりもないことになる」と答えられた。そこでシモン・ペトロが言った。「主よ、足だけでなく、手も頭も。」イエスは言われた。「既に沐浴した者は洗わなくてよい〔異読＝長い本文「足のほかには、洗わなくてよい」〕。全身が清いのである」（一三・一～一〇）。

弟子たちの足を洗うイエスの振舞いは、「人の子（＝イエス）は仕えられるためではなく仕えるために来たのである」（マルコ一〇・四五並行）という彼の言葉を連想させる。特に注意すべきは、この言葉に並行する「わたしはあなたがたの中で、いわば給仕する者である」という言葉が、ルカ福音書では最後の晩餐の文脈に置かれていることである（二二・二七）。洗足の物語はこのようなイエスの言葉の伝承に基づいて構成されたのかもしれない。

しかし福音書著者ヨハネにとっては、イエスの振舞いは弟子たちが謙虚に仕え合うための模範（一三・一二～一七）であるにとどまらず、イエスの死そのものを示す象徴的な行為でもある。その死は弟子たちに対するイエスの奉仕の極限であり、彼らを罪から清める。しかし、後述するように（二三一頁以下）、ペトロはそれを理解することができない。

つまずきの予告とペトロの抗議

晩餐の後、イエスと弟子たちはオリーブ山に出かけた。これはエルサレムの東、キドロンの谷を隔てて聖都と向き合う、南北四キロメートルほどの石灰岩の小さな山脈である。四つの峰から成るが、その中で北端の峰が標高八一四メートルで最も高い。

マルコ福音書によれば、そのときイエスは弟子たちに「わたしは羊飼いを打つ。すると、羊は散ってしまう」という形でゼカリヤ書一三・七を引用し、「あなたがたは皆わたしにつまずく」と予告する（一四・二七並行）。「つまずく」（ギリシア語スカンダリゼスタイ）という言葉は聖書にしばしば出て来る。それは罠《わな》の餌をつける棒を指す名詞スカンドロンから派生し、「罠にかかる」という意味を持つが、比喩的に、信仰あるいは正道からの脱落を表す。ここでは弟子たちがイエスを見捨てて逃げ去ることを指している。

イエスの予告に対してペトロは「たとえ、みんながつまずいても、わたしはつまずきません」と抗議する（マルコ一四・二九）。ペトロと他のすべての弟子とが対比されているこの言葉には、イエスに対するペトロの大きな愛と忠誠を見ることができよう。しかしそれはペトロの過大な自己評価でもある。イエスへの愛と忠誠という点ではだれにも負けないと自負していた者が、後に、三度イエスを否認するという深刻なつまずきを経験しなければならない。そして、ここでも彼は、イエスが聖書に基づいて予告した事柄を直ちに否定し、無理解を露呈する。

ペトロの抗議に対してイエスはまさしくそのペトロがつまずくことを厳《おごそ》かに予告する。「まことにわたしはあなたに言う。あなたは、今日、今夜、鶏が二度鳴く前に、三度わたしのことを知らないと言うだろう」。ギリシア語原文では「あなた」が強調されている。「そう言うあなたこそ……」というほどの意味であろう。ペトロは強く否定する。「たとえ、御一緒に死なねばならなくなっても、あなたのことを知らないなどとは決して申しません」。今度はほかの弟子たちも皆同じように言った（マルコ一四・二七～三一並行）。

「二度」の鶏鳴について述べているのはマルコだけである。他の福音書著者たちは一度の鶏鳴について語っているだけである（マタイ二六・三四、ルカ二二・三四、ヨハネ一三・三八）。つまずきの予告における鶏鳴は、元来、夜明けを表す比喩であったのか、あるいは神殿の北西角に位置するアントニアの塔に駐屯するローマ軍守備隊の衛兵交代を告げるラッパの合図（gallicinium＝鶏鳴。午前三時）であったのか。いずれにせよ後にマルコは、鶏が二度鳴く前にペトロが三度イエスを否認するというイエスの予告が細部にいたるまで言葉通りに実現したことを強調している（一四・七二）。

すでに述べたようにこの記事には、イエスの受難は——弟子たちのつまずきも含めて——最終的にはすべて神の意志の実現にほかならず、イエスはそのすべての出来事を前もって知りながら受難の道を歩んだのだ、という教会の信仰が言い表されている。しかしイエスが弟子たちに彼らのつまずきを何らかの形で予告した可能性まで否定する必要はない（一〇七頁）。このことはヨハネ福音書も別の形で伝えている（一六・三二）。イエスと一緒であれば死をも厭《いと》わないというペトロの決意表明も、ヨハネ福音書の中にその並行句が見出される（一三・三七）。しかし彼は、イエスに対する献身的な愛にもかかわらず、イエスを否認してしまう。

ゲツセマネの祈り

場面はゲツセマネの園に移る（マルコ一四・三二～四二並行）。ゲツセマネは「油搾り器」を意味するヘブライ語「ガト・シェメン」に由来する。かつてはオリーブを栽培する農園であったのだろう。ヨハネはその場所はエルサレムの東の「キドロンの谷の向こう」にあり、イエスは弟子たちと共にたびたびそこに集まっていたと説明している（一八・二）。だがその正確な位置は不明である。今日、オリーブ山西麓にカトリック教会・フランシスコ修道会のゲツセマネ教会が建ち、そのそばには樹齢二千年といわれるオリーブの老樹が残っている。しかしこれに対してギリシア正教会、ロシア正教会、アルメニアの教会はそれぞれ別の場所を

ゲツセマネの祈り　マンテーニャ、1450～70年代。ロンドン、ナショナル-ギャラリー

ゲツセマネの園として主張している。

　イエスは弟子たちと一緒にゲツセマネの園に来ると、ペトロ、ヤコブ、ヨハネの三人だけを伴い、他の弟子たちから離れる。そして、死を前にして「ひどく恐れてもだえ始め、彼らに言われた。『わたしは死ぬばかりに悲しい。ここを離れず、目を覚ましていなさい』」（マルコ一四・三四）。イエスにとって死は、心からの愛と信頼をもって従ってきた父なる神からの断絶を意味した。それ以上に恐ろしいことはない。それゆえ彼は、後に十字架の上で、「わが神、わが神、なぜわたしをお見捨てになったのですか」と悲痛な叫びをあげる（一五・三四並行）。

　ゲツセマネの園で三人の弟子は苦悩するイエスの姿を目撃した。恐れと不安の中でイエスは、彼らに目を覚ましているようにと頼み、少し進んで行って地面にひれ伏し、「アッバ、父よ、あなたは何でもおできになります。この杯をわたしから取りのけてください。しかし、わたしが願うことではなく、御心にかなうことが行われますように」と祈ったと伝えられている（一四・三六）。ゲツセマネの祈りである。

元来「アッバ」は幼子が親しみと信頼の気持ちを込めて父親を呼ぶ言葉であった（五〇頁以下）。だが今やゲッセマネの園で、イエスは恐れと不安に襲われ、祈りを中断し、三度も三人のいる所に戻って来る。しかし彼らは眠っていた。最初イエスは特にペトロに呼びかける、「シモン、眠っているのか。わずか一時も目を覚ましていられなかったのか」と（一四・三七）。それはペトロが少し前に自信に満ちてイエスに対し愛と忠誠を告白したからであろう。しかし、イエスが二度目に戻って来たときも、三度目に来たときも、三人は眠っていた。深い苦悩の中で祈ったイエスは神の意志に従って十字架への道を歩みつづけるが、祈りの大切さをイエスから教えられながらも祈らずに眠ってしまった弟子たちは、そのイエスにつまずくことになる。物語はこのようにイエスと弟子たちとの対照を鮮やかに描いている。

ゲッセマネの祈りを伝える記事の史実性に関しても研究者たちの見方は分かれる。この物語は宗教的・教育的な伝説であるのか。たしかに、大きな恐怖と激しい苦悶の中で祈るイエスの祈りは、旧約聖書に書き記されている、神を信じ敬う者たちの苦悩に満ちた祈り（詩編二二編、六九編）を思わせる。「わたしは死ぬばかりに悲しい」（マルコ一四・三四）という表白にはヨナ書四・八の響きがある。このように、物語はゲッセマネのイエスの苦しみを旧約聖書の色彩で描き、それが旧約聖書の中に示されている神の意志の実現であることを示唆している。「誘惑に陥《おちい》らぬよう、目を覚まして祈っていなさい。心は燃えても、肉体は弱い」（一四・三八）というイエスの言葉には、読者

（教会の信徒たち）に対する勧告的意図が読み取れる。実際、三人の弟子たちは、マルコが報じているように、イエスが祈っている間ずっと眠っていたのであれば、しかもイエスがその直後に逮捕されたのであれば、イエスの祈りの内容をどうして知り得たのか。この物語が現形においては宗教的・教育的意図をもって構成されていることは否定できない。

しかしそれは事実無根の創作ではない。ここには少なくともイエスと弟子たちの実像の特徴は伝えられている。ここに描かれているイエスは、十字架刑を前にして初めから「父よ、時が来ました。あなたの子があなたの栄光を現すようになるために、子に栄光を与えてください」（ヨハネ一七・一）と祈り、十字架の時を天への帰還の時、自分が栄光を受ける時、父なる神の栄光を現すときとして受け入れる神の子イエスではなく、「ひどく恐れてもだえ始め」、十字架刑という苦い杯が自分から取りのけられることを切に祈り求める人間イエスである。イエスを絶対的な意味で神の子と信じる教会がこのようなイエス像を創作したであろうか。ゲッセマネという具体的な地名が記されていることも、この物語が古い伝承に基づいていることを示唆している。ゲッセマネの園でイエスの言葉を守ることができずに眠ってしまった三人の弟子たちの不名誉な姿も、彼らを指導者として重んじていた教会の創作であるというよりは、彼らの失敗談に基づく古い伝承に属していると見るほうが理解しやすい。いずれにせよこの物語には、ペトロをはじめとする弟子たちの人間的な弱さと受難のイエスに対する無理解という負の事実が印象的に描き出されている。

イエスの逮捕

ゲッセマネの園はイエスの逮捕の場所となった。逮捕のときの様子は四人の福音書著者がそれぞれに報じている（マルコ一四・四三～五一、マタイ二六・四七～五六、ルカ二二・四七～五三、ヨハネ一八・三～一二）。マルコによると、エルサレムの最高法院を構成する祭司長、律法学者、長老たちから派遣された群集が、十二人の一人であるイスカリオテのユダに案内され、イエスを捕らえに来る。イエスと弟子たちの抵抗を予想したのだろうか、群集は剣や棒を携《たずさ》えている。そこには大祭司の手下もいた。ルカは、群集だけでなく祭司長たち、神殿守衛隊長たち、長老たちも押し寄せてきたと報じている。ヨハネ福音書によると、ユダに案内されて来たのはローマ兵の一隊と、祭司長たちやファリサイ派の者たちから派遣された下役たちであったが、彼らは松明《たいまつ》や灯火や武器を手にしていた。このヨハネの記事が史実を伝えているとすれば、イエスの逮捕にはローマの公権力も関与していたことになろう。しかしこの記事は、ヨハネ以前における伝承の発展を示しているのかもしれない。あるいは、この世の闇の力がこぞって光であるイエスに敵対したことを示そうとするヨハネの編集の手がここに入っていることも考えられ得る。

とにかく、イエスの側からの抵抗はほとんどなかった。マルコによれば、イスカリオテのユダがイエスに近づき、前もってユダヤ当局との間で決めておいた合図のとおりに、「ラビ（先生）」と言ってイエスに接吻《せっぷん》するや否や、イエスはひとことも言わないうちに捕らえられてしまう。一瞬の出来事であった。後の諸福音書は逮捕される前のイエスに何らかの言葉を語らせている。マタイ福音書ではイエスはユダに向かって「友よ、しようとしていることをするがよい」と言い、ルカ福音書では「ユダ、あなたは接吻で人の子を裏切るのか」と問うている。ユダは師に対する深い敬愛の念を表すはずの接吻をもってイエスを敵対者たちの手に渡してしまったのである。他方、ヨハネ福音書はユダの接吻を報じていない。裏切り者にそれが許されるはずはないのだ！　むしろイエスは彼を捕らえに来た者たちの前にみずから進み出て「わたしである」と言い、弟子たちを去らせることを求める。

　マルコとマタイによると、イエスが逮捕された直後に、傍らに立っていた者たちの中のある者が剣（ギリシア語マハイラ。ここでは多分護身用の短剣）を抜いて大祭司の手下に打ちかかり、片方の耳を切り落とした。それはイエスに加えられた仕打ちに対する衝動的な反発ではあっても、イエスの逮捕を未然に防ぎ得る行為ではなかった。このように抵抗した者がなぜ逮捕されなかったのか。小競り合いの中でそれがだれであるのか分からなかったのか。このような問いにマルコは関心を抱かない。彼の関心はユダの振舞いと聖書の言葉の実現としてのイエスの逮捕に集中している。マタイはそのときイエスが「剣をさやに納めなさい。剣を取る者は皆、剣で滅びる」と言ったと記している。後半の言葉は有名であるが、当時の格言であったかもしれない。この福音書ではイエスの逮捕が聖書の言葉の実現であったことがより一層強調されている。ルカは、イエスの周りにいた者たちの中のある者が大祭司の手下に打ちかかったのは逮捕の前であったとしている。切り落とされた耳は右の耳である。その暴力行為に対してイエスは「やめなさい。もうそれでよい」と言い、その耳に触れて癒す。このようにマタイとルカはそれぞれマルコの本文に手を加えている。

一方ヨハネは、短剣を抜いて大祭司の手下の右の耳を切り落としたのはペトロであり、大祭司の手下の名前はマルコスであったと書いている。たしかにこの種の行動は福音書から想像し得る直情径行型のペトロにいかにもふさわしいように思われるかもしれないが、無名の者に後から名前をつけてその人物を特定することは伝承史的発展における一つの傾向である。ここで短剣を使用した者とペトロの同一化は後の伝承あるいは福音書著者ヨハネ自身に帰すべきであろう（二三四頁）。

イエスが逮捕されると「弟子たちは皆、イエスを見捨てて逃げてしまった」、とマルコ（一四・五〇）とマタイ（二六・五六）は報じている。ペトロも例外ではなかった。ルカとヨハネは弟子たちの不名誉な逃亡については語らない。続いてマルコだけが素肌に亜麻布《あまぬの》をまとってイエスについて来た一人の若者のエピソードを伝えている。彼は捕らえられそうになると、亜麻布を捨てて裸で逃げてしまったという（一四・五一～五二）。この話はイエスの弟子たちがそのとき置かれていた非常に危険な状況を暗示している。イエスの弟子であると思われた者は、だれであろうと、興奮した群集によって捕らえられ、官憲の前に引きずり出されることを覚悟しなければならなかったであろう。

ペトロの否認　レンブラント、1660年。アムステルダム国立美術館

ペトロの否認

逮捕されたイエスは大祭司の屋敷に連行され、最高法院の裁きを受ける（マルコ一四・五三〜六五並行。二五頁）。あの園で他のすべての弟子たちと一緒にイエスを見捨てて逃げ去ったペトロは、引き返し、遠くからではあったが、イエスに従った（一四・五四並行）。それはイエスに対する愛と忠誠から生じた命がけの行動であった。そのときに彼がなし得た精一杯の行動であったにちがいない。彼は大祭司の屋敷の中庭にまで入って中の様子を窺う。どのようにしてそれができたのだろうか。ヨハネ福音書はここで「ペトロともう一人の弟子」がイエスに従ったと述べている。その弟子は大祭司の知り合いであったのでイエスと一緒に大祭司の屋敷の中庭に入ったが、出て来て門番の女に話し、門の外に立っていたペトロを中に入れたのだという（一八・一五〜一六）。この「もう一人の弟子」がだれであったのかは分からない。ヨハネは「イエスの愛しておられた弟子」（二二四頁）を考えているのだろうか。いずれにせよ、それに続くペトロの否認の場面では、その弟子は全く言及されていない。その場面の展開を伝えるマルコの記事を引用する。

> ペトロが下の中庭にいたとき、大祭司に仕える女中の一人が来て、ペトロが火にあたっているのを目にすると、じっと見つめて言った。「あなたも、あのナザレのイエスと一緒にいた。」しかし、ペトロは打ち消して、「あなたが何のことを言っているのか、わたしには分からないし、見当もつかない」と言った。そして、出口の方に出て行くと、鶏が鳴いた。女中はペトロを見て、周りの人々に、「この人は、あの人たちの仲間です」とまた言いだした。ペトロは、再び打ち消した。しばらくして、今度は、居合わせた人々がペトロに言った。「確かに、お前はあの連中の仲間だ。ガリラヤの者だから。」すると、ペトロは呪《のろ》いの言葉さえ口にしながら、「あなたがたの言っているそんな人は知らない」と誓い始めた。するとすぐ、鶏が再び鳴いた。ペトロは、「鶏が二度鳴く前に、あなたは三度わたしを知らないと言うだろう」とイエスが言われた言葉を思い出して、いきなり泣き出した（一四・六六〜七二）。

描写は詳細で、具体的、迫真的であるが、技巧的でもある。話が進むにつれて緊張が高まる。最初はペトロと女中だけの問答であるが、次に彼女はペトロがイエスの仲間であることを周囲の者たちに話し始め、最後に、そこにいた者たちがペトロの話すアラム語がガリラヤ訛《なまり》であることから彼がガリラヤの出身であることを知る。「確かに、お前はあの連中の仲間だ」。ペトロのほうも最初はイエスを明確には否認しないが、身に危険が迫ると、もし真実を述べていないならば自分は呪われてもよいと言って、イエスを強く否認してしまう（「呪いの言葉さえ口にしながら」という表現はペトロがイエスを呪ったという意味にも解釈できる）。「するとすぐ」鶏が再び鳴くのを聞いたペトロは、オリーブ山に行く途中のイエスの言葉（マルコ一四・三〇。一二二頁以下）を思い出し、「いきなり泣きだした」。

「いきなり泣きだした」と訳されているギリシア語エピバローン・エクライエンの原意は明らかでない。ほかに、「感情を抑えきれずに泣いた」、「（衣で）頭をおおって泣いた」、「地に身を投げ出して泣いた」など、さまざまの訳が試みられてきた。この分かりにくいマルコの表現をマタイとルカは「外に出て、激しく泣いた」と言い換えている。いずれにせよ、ペトロは激しい感情の嵐に襲われたにちがいない。彼の人間的な弱さと深い悲しみが紙面に滲《にじ》み出ている。後にヤコブス＝デ＝ウォラギネの『黄金伝説』は、ペトロについて次のように伝えている。彼は「いつでも一枚の布を胸に入れていて、しょっちゅうあふれでる涙をぬぐったということである。というのは、主のやさしいお言葉と主のおそばにいたときのことを思い出すと、大きな愛の気持から涙をおさえることができなかったからである。さらに、自分が主を否認したことを思い起こすたびに、はげしく嗚咽《おえつ》した。そのようによく泣いたので、彼の顔は泣きぬれて、ただれたようであった……。ペトロは暗いうちににわとりの鳴き声とともに起きて祈り、それからいつも激しく泣いていた……」（八四。前田敬作・山口裕訳）。ペトロは後代の教会で、グェルチーノの「涙にくれる悔悛のペトロ」（一六三九年。ロ絵参照）に見られるように、悔い改める罪人の模範ともなった。

右に述べたように、マルコ福音書においてペトロの否認の物語は文学的に巧みに構成されている。物語の構成と細部について四福音書の間に相異も認められる。しかしこれら物語の背後に、ペトロは受難のイエスに従いきれずに、ついに保身のためにイエスを否認してしまったという事実があることは疑い得ない。教会がその大指導者であるペトロの大失態を無から創造したとは思えない。

ペトロはどこへ

大祭司の屋敷の中庭から抜け出したペトロはどこへ行ったのか。四福音書はそのことについて何も報じていない。ゲッセマネの園からイエスを見捨てて逃げ去った仲間の弟子たちが一緒に隠れている場所を彼は探し当てたのだろうか。では、彼らはいったいどこに集まっていたのか。それはエルサレムに来たイエスが彼らと一緒に宿泊したベタニアの家であったのか（マルコ一一・一一並行）、あるいはイエスが彼らと過越祭の食事を共にしたエルサレム在住のある人物の家であったのか（一四・一二〜一六並行）。

いずれにせよ、弟子たちがエルサレムあるいはその付近に身を隠していたことは福音書のいくつかの復活物語で前提されている（マルコ一六・七、ルカ二四・九、三三、三六以下、ヨハネ二〇・一八）。ヨハネ二〇・一九〜二三の物語では「ユダヤ人を恐れて、自分たちのいる家の戸に鍵をかけていた」弟子たちに復活のイエスが現れる（二〇・一九）。弟子たちが隠れていた理由を説明する「ユダヤ人を恐れて」という語句は、この福音書著者が本来の物語に書き加えたものであろう。四福音書の中でヨハネだけがユダヤ人への恐れに言及している（七・一三、九・二二、一九・三八）。さらに、二世紀半ばに書かれた外典『ペトロ福音書』は、弟子たちがユダヤ人を恐れた理由を説明する。「私（＝ペトロ）は仲間の者達と悩み、胸を痛めながら隠れていた。彼らが我々を悪人とみなし、神殿に放火しようとしている（未遂犯）として探していたからである」（七・二六。田川建三訳）。ペトロをはじめ弟子たちが神殿放火の未遂犯として探索されていたということは史実ではなかろう。しかしイエスの逮捕と処刑の後、彼らが一時エルサレムあるいはその付近で、身の危険を感じて隠れていたことは十分考えられ得ることである。

第二章　エルサレムからローマへ

一　イエスの復活の証人

しかしイエスが十字架刑に処せられて間もなく、失望落胆し、悲嘆と恐怖の中に突き落とされていた弟子たちの間に、驚くべき変化が生じた。彼らはイエスの顕現《けんげん》に接するという経験をし、それに基づいて、神がイエスを死者の中から復活させたのだと信じるにいたったのである。

顕現の場所と時

イエスの復活を証言する教会の最古の伝承は顕現の場所に言及していない（第一コリント一五・三以下。一四三頁以下）。他方、四福音書の復活物語はその場所について述べているが、一致していない。それはルカ（二四・三三）とヨハネ（二〇・一～二九）によればエルサレムあるいはその周辺であり、ヨハネ福音書の補遺（二一・一～二三）によればガリラヤである。マルコはガリラヤにおける顕現を指し示す（一四・二八、一六・七）。マタイはこの点でマルコに従っているが（二六・三

二、二八・一〇。なお『ペトロ福音書』一四・六〇）、そのほかに、イエスの墓から弟子たちのところへ急ぐマグダラのマリアともう一人のマリアへの顕現をも短く伝えている（二八・九〜一〇）。諸福音書のこれらの記述には、例えばルカのエルサレム中心主義、マルコのガリラヤ志向のような福音書著者の神学的傾向がたしかに認められる。しかしその背後にエルサレム顕現の伝承とガリラヤ顕現のそれが存在したことも否定できない。

　そのいずれがより古い伝承であるかは確定しがたい。過越祭《すぎこしさい》にイエスと共にエルサレムに巡礼した弟子たちは、師の処刑後すでにエルサレムかその周辺で彼の顕現に接し、彼が復活したとの信仰を抱いてガリラヤに帰ったのか、それともガリラヤに帰った後に初めてイエスの顕現に接し、その驚くべき出来事に基づいてイエスが神の子、メシアであることを確信し、再びエルサレムに上り、新しい運動を始めたのか。判断は難しいが、後者の可能性のほうがやや大きいように思われる。というのは、ペトロと他の弟子たちがすでにエルサレムかその近辺で復活のイエスの顕現に接していたとすれば、なぜ彼らは一度ガリラヤに戻り、再びエルサレムに来たのか、その理由の説明が困難になるからである。しかしエルサレム顕現がこれで完全に否定されるわけではない。再度エルサレムに来た弟子たちがそこでもイエスの顕現に接したということは考えられ得ることである。

　いずれにせよ、教会の最古の伝承はイエスが「三日目に（神によって）復活させられた」（第一コリント一五・四）と伝え、一方、四福音書は三日目すなわち日曜日の早朝に女たちがイエスの墓が空虚であることを知ったと報じている（マルコ一六・一〜八並行）。しかしイエスの最初の顕現がガリラヤで弟子たちによって経験されたとすれば、それが三日目のことであったとは考えにくい。二日目（十字架刑の翌日）は土曜日すなわち安息日であったので、長い距離の移動はできなかったはずである。彼らはイエスの逮捕から三日目の早朝までの短い時間にエルサレムからガリラヤにたどり着くことはできなかったであろう。

しかしここで「三日目」という表現を文字通りに受け取る必要はない。旧約聖書でもユダヤ教でも、それは神の救いが実現される日とされている。巨大な魚に呑《の》み込まれたヨナは、陸地に吐き出されるまで、「三日三晩、魚の腹の中にいた」（ヨナ書二・一、一一。マタイ一二・三九〜四〇）。ラビ文献では「神は義人たちをけっして三日以上苦しみの中に置いておくことはない」（『ミドラッシュ・ベレシト・ラッバ』五六）と言われている（なおホセア書六・二）。

終末時（世の終わり）における死者の復活は当時のユダヤ教黙示文学の主要なテーマの一つであった。前一六五／一六四年に成立したダニエル書によれば、そのとき「多くの者が地の塵《ちり》の中の眠りから目覚める。ある者は永遠の生命に入り、ある者は永久に続く恥と憎悪の的《まと》となる」（一二・二）。終末時における死者の復活の信仰は新約聖書の時代、パレスチナのユダヤ人の間に大きな広がりを見せていた。紀元一世紀にユダヤ教会堂の礼拝で用いられていた「十八祈祷文」（シェモネ・エスレ）は、「大いなる憐《あわ》れみをもって死者を生かす」神をほめ称えている。

イエスの顕現に接した弟子たちはこのようなユダヤ教の終末論的復活信仰を背景にしてイエスの復活を信じ、宣《の》べ伝えた。イエス復活の信仰はキリスト教成立への決定的な原動力となったのである。今やイエスは「死者の中からの復活によって力ある神の子と定められた」と信じられ（ローマ一・四）、彼の悲劇的な十字架の死は神の救済計画に基づく「わたしたちの罪のため」の贖罪《しょくざい》の死として解釈された（第一コリント一五・三）。イエスの復活は「死者に命を与え、存在していないものを呼び出して存在させる神」（ローマ四・一七）の創造的な行為とされる。それによって「実際、キリストは死者の中から復活し、眠りについた人たちの初穂《はつほ》となった」（第一コリント一五・二〇）。このように、イエスの復活は終末時に期待される死者の復活の先駆けとして位置づけられた。その出来事はキリスト教信仰の成立における決定的な要素である。パウロの言葉を借りて言えば、「キリストが復活しなかったのなら、わたしたちの宣教は無駄であるし、あなたがたの信仰も無駄である」（第一コリント一五・一四）。

空虚な墓

では、イエスの復活とは実際にどのような出来事であったのか。四福音書によれば彼の処刑は金曜日に執行された。その翌日の安息日を挟んで週の初めの日（日曜日）の早朝、ガリラヤからイエスに従ってきた女たちがイエスの墓を訪れると、墓は空虚であった。ヨハネ福音書はマグダラのマリアからその知らせを受けたペトロと「もう一人の弟子」が墓に走り、そのことを確認したと伝えている（二〇・一〜一〇）。墓を訪れた女たちの数と名前は福音書によって異なるが、すべての物語にマグダラのマリアが登場し、しかもその名前は最初に挙げられている（マルコ一六・一〜八並行）。このことから空虚の墓の伝承において彼女が主要な位置を占めていたことが分かる。

しかし空虚の墓の物語は、イエスの復活を前提とし、特にその事実性を弁証する目的で——少なくとも現形においては——初代教会で形づくられたものであろう。これらの物語が部分的に古い伝承に遡《さかのぼ》るにせよ、言うまでもなく、空虚の墓だけではイエスの復活の証明とはなり得ない。遺体が何者かによって何らかの仕方で墓から運び出された可能性が当然考えられるからである。事実、すでに初代教会は、弟子たちが墓からイエスの遺体を盗み出してどこかに隠し、イエスは復活したのだと言いふらしているのだ、あるいは、イエスの墓があった園の園丁がイエスの遺体を運び去ったのだという、反対者たちの主張に答えなければならなかった（マタイ二七・六二〜六六、ヨハネ二〇・一三〜一五）。

イエスの顕現

イエスが復活したという信仰は空虚の墓ではなく顕現経験に基づく。イエスの死後に弟子たちがこの経験を共有したことは事実である。福音書は復活のイエスが男性の弟子たちだけでなくマグダラのマリア（ヨハネ二〇・一一〜一八）あるいはマグダラのマリアともう一人のマリア（マタイ二八・一～一〇）にも現れたことを報じている。おそらくこれらは一種の幻視経験であったであろう。宗教経験としての幻視はけっしてめずらしいことではない。それは旧約聖書（例えばイザヤ書六・一以下、ダニエル書一〇・四以下）やユダヤ教黙示文学（例えば『ラテン語エズラ記』三・一以下）、それに新約聖書（例えば使徒七・五五～五六、一〇・九以下）にも記されている。

ただ、イエスの顕現は一人だけの経験にとどまらず、前述したように、福音書においては複数の男女の弟子たちの経験とされている。さらにコリントの信徒への手紙一によれば、イエスは十二人のほかに「五百人以上もの兄弟たち（信徒たち）に同時に現れ」、しかもその「大部分は今なお生き残っている」という（一五・六）。この出来事の詳細について知ることはもはや不可能であるが、ある学者は集団心理学的観点からこれを使徒言行録二章に記されている五旬祭《ごじゅんさい》*の出来事と同一視しようとする。すなわち、ペトロ（と他の十一人）はそのときエルサレムに集まっていた大勢の巡礼者を前にして彼らの幻視体験を語った。「ここでの説教とイエスについての全般的な想起は、宗

＊　五旬祭は「第五〇の（日）」を意味するギリシア語「ペンテーコステー」の訳。旧約聖書の「七週祭」に当たる。過越祭の週の安息日から数えて五十日目。元来は小麦の収穫の初穂を神に献げる日であったが（出エジプト記三四・二二、レビ記二三・一五～一六）、後にユダヤ教では、おそらく七〇年のエルサレム神殿崩壊後（三二頁）、シナイ山における神からの律法授与と結びつけられるようになった。

教的陶酔《とうすい》と熱狂主義をもたらし、それはイエスが現存するという経験となった。実際、それはイエスがすでにペトロに出会ったように、復活したイエスの現存であった。『五百人以上』への顕現において、以前に幻を受けた者も居合わせ、集まってはかつての個人的な顕現の経験を確かめ、こうして集団は比類のない推進力を及ぼした」（G・リューデマン　一四九頁）。これは興味深い史的・心理学的推測である。たしかに、「五百人以上もの兄弟たち」への同時的顕現は、五旬祭の出来事を連想させる。両方とも大勢の人々にかかわる異常な宗教経験である。ペトロの五旬祭説教の重点がイエスの復活に置かれていることも事実である（使徒二・二四〜三六）。だが五旬祭の記事では聴衆の幻視経験はまったく語られていない。「次いで、五百人以上もの兄弟たちに同時に現れた」という短い語句から二つの出来事を直ちに結びつけるのは無理ではなかろうか。

ペトロへの顕現

しかし復活信仰の成立にペトロが基本的な役割を果たしたことは事実であろう。イエスの復活に関する最古の伝承によれば、最初の顕現に接したのはペトロである。

> 最も大切なこととしてわたしがあなたがたに伝えたのは、わたしも受けたものです。すなわち、キリストが、聖書に書いてあるとおりわたしたちの罪のために死んだこと、葬られたこと、ま

た、聖書に書いてあるとおり三日目に復活したこと、ケファに現れ、その後十二人に現れたことです（第一コリント一五・三～五）。

この言明はおそらく初期エルサレム教会に起源する古い信仰告白伝承に基づいている。復活のイエスが他の弟子たちよりも先にペトロに現れたという古い伝承は、エマオ途上の二人の弟子への顕現について語るルカの物語にも前提されている（二四・三四）。

他方ヨハネ福音書によると、イエスの墓が空虚であることをマグダラのマリアから知らされたペトロともう一人の弟子が墓に走り、そのことを確認して家に帰った後、復活のイエス自身がマグダラのマリアに現れる。こうして、彼女はペトロや他の弟子たちよりも先にイエスの顕現に接している（二〇・一一～一八）。しかしこの伝承はペトロをイエスの顕現に最初に接した者とする伝承よりも新しい。マグダラのマリアともう一人のマリアが弟子たちよりも先に復活のイエスに出会うマタイ二八・九～一〇の物語についても同じことが言える（G・リューデマン　八三頁以下、一一三頁、小河陽　七四頁）。後述するように初期のエルサレム教会でペトロが指導的な役割を果たし得たのは、彼がかつてイエスの弟子たちの筆頭であった（八七頁以下）という事実によるだけではなく、彼がイエスの顕現に最初に接したと考えられていたからでもある。

このペトロの幻視経験について、リューデマンは悲嘆のプロセスという観点から説明しようとす

女よ、なぜ泣いているのか。　復活のキリスト、墓の外でマグダラのマリアに現れる。ヨハネ福音書20，15。レンブラント、1638年。ロンドン、バッキンガム宮殿

る。すなわち、ペトロはイエスに強く惹《ひ》かれ、イエスに従い、イエスと一緒であれば死も厭《いと》わないと告白したにもかかわらず、最後にイエスを否認してしまった。その罪責感に苦しむ中でイエスの刑死を知ったペトロの悲嘆は特に深く、耐え難いものであったにちがいない。彼の場合、死者が徐々に離れていく、つまり——時には長い時間をかけて——死者の存在が段階的に薄れていく、という悲嘆のプロセスは起こらなかった。「彼はむしろ死せるイエスを生きているイエスの姿——これこそが真実に近い——で置き換えることによって、悲嘆のプロセスを唐突に打ち切ったのである。この事実の精神分析的説明としては、ペトロは悲嘆に耐え切れなくなり、イエスを無条件に再び生かせようとした、ということになろう」（G・リューデマン　一四一頁）。

このような史的、心理学的推論はまったく不可能であるとは言えないかもしれないが、もちろん確証はない。しかし、リューデマンも指摘しているように、ペトロの顕現体験が新約聖書の中で彼の罪責感と——少なくとも示唆《しさ》的には——関連づけられていることは注意すべきことである。ヨハネ二一・一五～一九における復活のイエスとペトロとの問答にはペトロの三度の否認が前提されて

いる。復活のイエスは自分に対するペトロの愛を三度確認し、彼を赦《ゆる》し、三度の命令によって彼に教会の指導を委ねる。ここでペトロは殉教の死にいたるまでイエスに従うことを許される（二三五頁以下）。元来は顕現物語であったと考えられるルカ版の召命物語（五・一～一一）も、ペトロに対する罪の赦しと宣教の委任を語っている。奇跡的な大漁の後、足もとにひれ伏し、「主よ、わたしから離れてください。わたしは罪深い者なのです」と告白するペトロにイエスは言う、「恐れることはない。今から後、あなたは人間をとる漁師になる」（六七頁以下）。これらの物語の背後には、ペトロへの顕現を復活のイエスによる罪の赦し、教会的職務の委託として捉える伝承の存在を想定することができよう。

二　教会を代表する指導者

エルサレム教会の第一人者　初期エルサレム教会に関する使徒言行録の記述によれば、ペトロが最初その教会の第一人者であったことは明らかである。使徒一・一三における十一人のリストには先ずペトロの名前が挙げられている。イスカリオテのユダの脱落によって十二人に生じた欠員の補充をペトロが提案すると、人々はそれに従い、くじ引きによってマティアを選出する（使徒一・一五以下）。一方、十二人のグループはペトロの背後に大きく退いている。たしかに彼らも使徒としてイエスの復活を証言し、教会の指導にあたる。奇跡も行う（使徒二・四三、五・一二）。そして教会の世話をする七人の選出を提案する（六・一〜六）。しかしペトロはその権威と活動において他の十一人の使徒を凌駕《りょうが》している。ユダヤ当局による迫害の中で使徒たちが逮捕されたときには、最高法院で大祭司の尋問に対し、「ペトロとほかの使徒たちは答えた」（五・二九）。ここでもペトロと十一人は明確に区別されている。使徒言行録一二章にはペトロの逮捕と投獄の記事が見られる。ヘロデ＝アグリッパ一世はゼベダイの子ヤコブの処刑がユダヤ人に喜ばれたことを知って、「更にペトロをも」逮捕し、投獄したという（一二・三〜四。二五頁）。この伝承もペトロがエルサレム教会の最高指導者であったことを示唆する。教会に打撃を与え、ユダヤ人の歓心を買うためには、ペトロの逮捕と投獄が決め手になることを王は知っていたのであろう。

パウロの訪問

ペトロが最初期のエルサレム教会の第一人者であったことは、使徒言行録だけではなく、パウロの手紙からも確認することができる。パウロは回心後最初のエルサレム訪問（三五年頃）について次のように述べている。「それから三年後、ケファと知り合いになろうとしてエルサレムに上り、十五日間彼のもとに滞在しましたが、ほかの使徒にはだれにも会わず、ただ主の兄弟ヤコブにだけ会いました」（ガラテヤ一・一八〜一九）。パウロはおそらくペトロの住まいに滞在したのだろう。二人が初対面であったことを考えれば、一五日間の滞在はけっして短くない。それはペトロと親交を結ぶためだけの訪問ではなかろう。パウロはペトロから彼の使徒職と伝道に対する理解と支持を期待したのではなかろうか。そこではパウロの異邦人伝道にとって重要な意味を持つ律法に関する事柄も話し合われたはずである。地上のイエスについても、そのときパウロはペトロからある程度の知識を得たにちがいない。この訪問は当時パウロがペトロをエルサレム教会の最も重要な人物、最高責任者と見ていたことを示している。同時に、すでにイエスの兄弟ヤコブがエルサレム教会の中で無視し得ぬ存在になっていたことも、パウロの記述から窺《うかが》い知ることができる。

力強い説教者

使徒言行録によると、五旬祭にペトロは群衆の前に最初の説教者、伝道者として現れる。他の十一人はそのとき彼のそばに立つだけである（二・一四～三六）。彼の説教を聞いて心を打たれた群集が「わたしたちはどうしたらよいのですか」と「ペトロとほかの使徒たち」に尋ねると、ペトロは悔い改めて洗礼を受けることを勧める。三千人ほどが彼の勧めに従ったとルカは報じている（二・三七～四一）。さらにペトロは神殿（三・一一～二六）や議会（四・八～一二、五・二八～三二）でもキリストを宣べ伝え、後に宣教と教会指導のためにエルサレムからリダを経て地中海沿岸のヤッファとカイサリアに赴く（九・三二～一〇・四八。一五七頁以下）。

これらの記事はそのまま史実であるとは言えないが、ペトロがエルサレム教会を代表する説教者、伝道者としても顕著な働きをしたことを指し示している。彼の伝道の成功は——彼がイエスのいわば一番弟子であったこと、復活のイエスの顕現に最初に接したことと相俟《ま》って——教会の代表的指導者としての権威を高めたにちがいない。

使徒ペトロ

エルサレム教会の草創期にペトロを筆頭とする十二人は「使徒」と呼ばれていたと考えられる（ガラテヤ一・一七）。使徒（ギリシア語アポストロス）とは文字どおり「遣わされた者」「使者」である。この名称に対応するヘブライ語シャーリーアッハはユダヤ人社会では法的に派遣者の代理であり、派遣者に対して服従を義務づけられると同時に、派遣者の権限をもって行動することができた。初期キリスト教の使徒の名称がユダヤ教におけるこのシャーリーアッハ制度に由来するかどうかは議論のあるところであるが、いずれにせよ使徒は、かつて十二人がイエスから宣教のために派遣されたように（八一頁以下）、今やキリストから宣教と教会の指導を託されて派遣された者として最も重要な職務を担っていた。

初期の教会には十二人以外にも使徒と呼ばれる者たちがいた。パウロは復活のイエスの顕現に接した経験を根拠に自分の使徒職を強く主張するが（第一コリント九・一、一五・九〜一〇、ガラテヤ一・一、一六〜一七）、他の伝道者たちをも使徒と呼んでいる（ローマ一六・七、第一コリント九・五、一二・二八、一五・七、第一テサロニケ二・七）。さらに、ローマ一六・七はローマの教会に女性使徒もいたことを強く示唆している。ここで「使徒たちの中で目立っている者」としてアンドロニコと一緒に言及されている人物は、「ユニアス」（男性。『聖書　新共同訳』他）ではなく、「ユニア」という名前の女性であったことが確実であると考えられるからである（荒井献「第一世紀中期のローマ教会に女性『使徒』は存在したか」一一頁以下）。ルカは福音書の中で十二人が使徒であることを強調し（六・一三、九・一〇、一一・四九、一七・五、二二・一四、二四・一〇）、使徒言行録で使徒を十二人に限定しているが、これはルカの使徒観を表す。それによれば、地上のイエスの活動の最初から昇天にいたるまで彼と一緒にいて、彼の復活の証人となり得ることが使徒の本質的な要件である（一・二一～二二）。もっとも使徒一四・一四では例外的にパウロとバルナバが使徒と呼ばれているが、おそらくそれは、ルカがここで彼とは異なる使徒理解を持つ資料をそのまま用いているからではなかろうか。

奇跡を行うペトロ

使徒たちの奇跡についてルカは、彼らの「手によって多くのしるしと不思議な業《わざ》とが民衆の間で行われた」（使徒五・一二）と要約的に述べている。その中で特に強調されているのはペトロの持つ奇跡の力である。人々は彼の影にかかるだけで病気が癒されると信じている（五・一五）。エルサレムに教会が成立した後に最初に奇跡を行ったのはペトロである。彼は神殿の「美しい門」のそばで足の不自由な男を「ナザレの人イエス・キリストの名

ペトロとヨハネ、エルサレム神殿の「美しい門」の傍で足の不自由な男を癒す　使徒言行録3，6。ラファエロ（1483〜1520年）。ロンドン、ヴィクトリア-アルバート美術館

によって」歩けるようにした（三・一〜一〇）。リダで中風《ちゅうぶ》の患者を癒し（九・三二〜三五）、ヤッファでは死者を生き返らせる（九・三六〜四三）。このようにしてルカはペトロを福音書のイエスに対応する形で奇跡行為者として描いている。

　しかしそれだけではない。ペトロは自分の土地を売った代金の一部を全部と偽って使徒たちの足元に差し出したアナニアとサフィラの夫婦を厳しく叱責《しっせき》する。それは神を欺《あざむ》き、主の霊を試す行為にほかならない、と。最初にアナニアが、それから三時間ほどたってからサフィラが、虚偽を責めるペトロの言葉を聞くと、息を絶やしてしまう（五・一〜一一）。これはルカが何らかの伝承を用いて書き綴《つづ》った伝説的な物語である。重罪を犯した者を死にいたらせる同様の懲戒《ちょうかい》奇跡はすでにモーセについて（民数記一六・一六以下）、そしてラビ＝シメオン＝ベン＝シャタハ（前九〇年頃）についても語られている（『タルムード』「サンヘドリン」一九a／b）。ペトロの懲戒奇跡伝承の起源は不明であるが、このような旧約聖書的・ユダヤ教的背景が考えられる。ルカの物語は、神を欺く罪の重大性と教会の最高指導者としてのペトロの卓越した権威を読者に強く

印象づけようとするものであろうが、言うまでもなく、イエスの精神とは相容《い》れない。

　全体として、ペトロにかかわる使徒言行録の奇跡物語は、現形においては、エルサレム教会の第一人者としてのペトロの大きな権威と彼が告げ知らせる福音の神的真理性を確証するために、教会の中で形成されたものである。後にペトロの奇跡物語は、『ペトロ行伝』（一八〇年代）に見られるように（二〇九頁）、ますます伝説的色彩を濃くする。しかしペトロをはじめ使徒たちが何らかの癒しと悪霊追放を行ったことは否定できない。パウロも自分が使徒であることを示すものとして——不本意ながら——その奇跡行為に言及している（第二コリント一二・一一～一二。ローマ一五・一八～一九）。さらに十二人の任命（マルコ三・一三～一九並行）と派遣（マルコ六・七～一三並行）に関する福音書の記事も、病人の癒しと悪霊追放を彼らの権能としている。

三　初期エルサレム教会の信仰

パウロの手紙から見る

　使徒言行録でペトロに帰されている一連の説教（二・一四～三六、三・一二～二六、四・八～一二、五・二九～三二、一〇・三四～四三。ただし五・二九～三二はペトロと他の使徒たち）は、部分的に古い伝承を資料として用いているが——特に、「神はイエスを復活させた」という宣言定式（二・二四、三二。四・一〇、五・三〇、一〇・四〇参照）

と「神は彼（イエス）を主とし、またキリストとした」（二・三六）という宣言――、全体としては著者ルカによって構成され、著者の神学思想を表している（荒井献『使徒行伝』上　一八〇頁以下）。

ペトロを指導者とする最初期エルサレム教会の信仰は、使徒言行録よりも、パウロの手紙に引用されている信仰告白伝承から一層確実に知ることができる。そこでは、ダビデの子孫から生まれた人間イエスは死者の中からの復活によって力ある神の子とされたという養子論的キリスト論が唱えられ（ローマ一・三～四a）、「キリストの死はわたしたちの罪のための」贖罪の死であり、その死と復活は「聖書に書いてあるとおりに」――すなわち神の計画に従って――生じた出来事である（第一コリント一五・三b～五）、と告白されている。そのほか、ギリシア語を話す教会でも用いられていた「マラナ・タ」（「われらの主よ、来てください」）という、終末時におけるイエスの再臨を待望するアラム語の呼びかけも（第一コリント一六・二二）、最初期のエルサレム教会に由来するものと思われる。それだけではなく、その教会の信徒たちは終末時に期待されていた神の霊の授与が今すでに自分たちの身に実現していることを自覚していた。それは彼らを他のユダヤ人から区別する大きな特色の一つである。

ペトロの役割

それでは、初期エルサレム教会の信仰の成立にペトロ自身はどのように関与したのだろうか。とりわけキリスト教信仰の重要な構成要素をなすイエスの死の贖罪論的解釈の起源は大きな議論の的となっている。クルマンは、僕《しもべ》イエスについて語る使徒言行録の四個所（三・一三、二六＝ペトロの説教、四・二七、三〇＝ペトロとヨハネの話を聞いたエルサレム教会の祈り）を根拠に、ペトロを「神の僕」キリスト論の創始者と見なしている。クルマンによれば、ペトロは原始教会の中で、イエスの死を多くの者たちの罪のために苦難を負うイザヤ書五三章の「主の僕」の予言との関連において贖罪の死として解釈した最初の人物であり、この解釈は最終的にイエス自身の自己理解にまで遡る（『ペテロ』七六頁以下）。これに対して、右に挙げた使徒言行録の四個所で「僕」はモーセやダビデのような「神の忠実な器」以上の意味を持っていないことが指摘されている（荒井献　前掲書　二二〇頁）。

だが、使徒言行録のペトロの説教における僕イエスの問題は別として、イエスの死の贖罪論的解釈にペトロが深く関わったことを一概に否定することはできないであろう。すでに述べたように、イエスを否認して罪意識に苦しんでいた彼が復活のイエスの顕現の中に罪の赦しの恵みを実感したということは、十分考えられ得ることである（一四四頁以下）。その経験をとおして、ペトロの心には「仕えられるためではなく仕えるために」（マルコ一〇・四五a）、そして、「正しい人を招くためではなく、罪人を招くために」（二・一七b）来た地上のイエスの振舞《ふるま》いが鮮明に蘇《よみがえ》ったことであろう。復活のイエスの顕現をとおして彼は、彼に耐え難い苦痛を与えていたイエスの十字架の死を、罪の赦しのための死、贖罪死として理解できるようになったのではなかろうか。初代教会でなされたイザヤ書五三章に基づくイエスの死の贖罪論的解釈には、ペトロ自身の罪と赦しの経験に通じるものがある。いずれにせよ、ペトロが最初期エルサレム教会の代表的指導者としてその教会の基本的な信仰の形成に少なからぬ役割を果たしたということは想像に難くない。

ヘブライオイとヘレーニスタイ

エルサレム教会は最初ガリラヤ出身のイエスの弟子たちを中心とするユダヤ人から成っていた（使徒一・一一、一三・三一）。彼らは右に述べたような信仰を告白し、入信の儀式としてイエスの名による洗礼を受け、それによって神の霊を授与され、終末時の神の民に属する者とされていることを自覚し、近づきつつある神の国における交わりの先取りとして、共同の食事のさいの聖餐式にあずかり（マルコ一四・二五、第一コリント一一・二七〜三四）、独自の礼拝を守っていた。だが彼らはなおエルサレム神殿との結びつきを断っていなかった（使徒二・四六）。使徒言行録はペトロとゼベダイの子ヨハネが「午後三時の祈りの時に神殿に上って行った」（三・一）ことを報じている。

しかし、やがてエルサレム教会には他の出自のユダヤ人も加わるようになり、教会の中に対立が生じた。ルカは「そのころ、弟子（＝信徒）の数が増えてきて、ギリシア語を話すユダヤ人（ヘレーニスタイ）から、ヘブライ語を話すユダヤ人（ヘブライオイ）に対して苦情が出た。それは、日々の分配（おそらく食物の援助）のことで、仲間の寡婦《かふ》たちが軽んじられていたからである」（使徒六

・一）と報じている。ヘブライオイは実際にはその大部分がアラム語（四九頁以下）を話すパレスチナのユダヤ人である。一方ヘレーニスタイは、すでに述べたように、ディアスポラ（「離散」を意味するギリシア語。パレスチナを離れて異邦人の間に離散しているユダヤ人あるいはその居住地を指す）の地からエルサレムに来てその都市に定住するようになったユダヤ人で、ギリシア語だけを使っていた（五二頁）。教会の中で両者はそれぞれグループを作っていたが、ヘレーニスタイは少数者であった。使徒言行録によると、寡婦援助の問題を解決するために、十二人が教会の全体会議を招集し、「食事の世話をするために」、「霊（＝聖霊）と知恵に満ちた評判の良い人」を七人選ぶことを勧める。全体会議はその勧めに従って七人を選出するが、選ばれた者は皆ギリシア名を持つヘレーニスタイである（六・二〜六）。

しかし実際には七人の職務は食事の世話だけではなかった。彼らはヘレーニスタイのグループの指導者であり、伝道者でもあった。七人の筆頭であるステファノは最高法院で律法と神殿を批判する説教を行ったためにユダヤ人の怒りを買い、石打ちのリンチを受けて殉教する（七・一〜六〇）。ルカは「その日、エルサレムの教会に対して大迫害が起こり、使徒たちのほかは皆、ユダヤとサマリアの地方に散って行った」（八・一）と述べている。しかしここで実際にエルサレムを脱出したのは、律法と神殿に対して批判的なヘレーニスタイのグループであったと思われる。これを契機に、七人の中の一人フィリポはユダヤ人と対立していたサマリア人の地方で伝道を始める（八・四〜八）。

他方、十二人とヘブライオイは迫害を免《まぬか》れ、エルサレムに留まることができたようである。

律法をめぐる対立

このような事情から、エルサレム教会におけるヘブライオイとヘレーニスタイの対立はたんに言葉の違いや寡婦への給食の問題から生じたのではなく、信仰と伝道という福音理解の根本にかかわるものであったと推測される。それはユダヤ教の律法をめぐる思想的対立である。すなわち、ヘブライオイは自分たちが律法を遵守《じゅんしゅ》するだけではなく、異邦人キリスト者にもそれを要求するユダヤ主義的傾向にあったが（使徒一五・五）、それに対してヘレーニスタイは、ステファノの説教に見られるように、律法（おそらくその祭儀的部分）と神殿に対して批判的態度をとり、異邦人に対して律法にとらわれない自由な宣教活動を行ったものと思われる（荒井献「エルサレム原始教団におけるいわゆる『ヘブライオイ』と『ヘレーニスタイ』の問題をめぐって」一三一頁以下）。寡婦援助の問題はこのような根本的対立の一つの現れにすぎない。両者の対立をただ寡婦に対する日々の食物の分配によるものとする使徒言行録の書き振りには、初期のエルサレム教会には信仰上の厳しい根本的対立はなかったと主張しようとするルカの意図が見られる。

福音そのものの本質にかかわるこの根本的対立の中で、当時エルサレム教会の指導者であったペトロは両者の間に立ち、食物の分配の問題でも調停を行ったものと思われる。ペトロはユダヤ主義者ではなかった。後に彼は、エルサレム会議において、異邦人信徒にも割礼《かつれい》と律法遵守を要求するユダヤ主義者たち（使徒一五・五）には与《くみ》せず、律法から自由なパウロの異邦人伝道を擁護《ようご》したのである（一六八頁以下）。

四　伝道活動

エルサレムの外へ

エルサレム教会の最高指導者としてのペトロの活動はその都市にとどまらなかった。使徒言行録によれば、エルサレムの使徒たちは、フィリポの伝道によってサマリアの人々が洗礼を受けたことを聞くと、彼らの上に手を置いて聖霊を授けるために、ペトロとヨハネをサマリアに派遣した（八・一四〜二五）。この記事は、洗礼を受けた者たちへの聖霊の授与は使徒たちの職務であるということ、エルサレムの外の地におけるヘレーニスタイの伝道活動はペトロによって代表されるエルサレム教会の指導のもとに行われていたこと、そしてそこに成立した諸教会はエルサレムによる承認を必要としていたことを示している。ルカによれば、ペトロとヨハネもサマリアの多くの村で福音を告げ知らせ、エルサレムに帰ったが、彼ら自身はその地方で教会を設立していない。既存の教会の視察と指導が彼らの主要な職務であったようである。

その後ペトロはエルサレムからシャロン平原の町リダを経て地中海沿岸の都市ヤッファとカイサ

リアを訪ねた、とルカは報じている（使徒九・三二～一〇・四八）。これらの都市には——おそらくフィリポの伝道をとおして（八・四〇）——すでに教会が存在していた（九・三一、三八）。ここでもペトロは宣教と教会の視察・指導に携《たずさ》わったように思われる。そのことはタビタ（＝ドルカス）の蘇生についての記述からも窺い知ることができる。ヤッファの教会が「たくさんの善い行いや施しをしていた」女性信徒タビタの死に直面してペトロに助けを求めると、彼はそこに赴き、彼女を死から生き返らせたという（九・三六～四三）。

おそらくこれはある出来事を核として作り出されたペトロ伝説の一つであろう。イエスと同じく、ペトロは死者を生き返らせる。しかし彼がヤッファで「しばらくの間、製革業者であるシモンという人の家に滞在した」（九・四三）というルカの短い言葉は、われわれの注意を引く。それは「罪人や徴税人と一緒に」食事をしたイエスの振舞い（マルコ二・一五）に通じるからである。おそらくこのシモンはペトロの伝道をとおしてキリスト者になったのであろう。製革業の仕事は当時のユダヤ社会では汚《けが》れた職業の一つとされ、軽蔑されていた。この仕事に従事している者たちは道徳的にも疑われ、ラビ文書『ミシュナー』「ケトゥボート」（結婚契約書）七・一〇では「妻を去らせるように強いられる」者たちの中に数えられている。その仕事場はたいてい町の外に置かれ、シモンの家も海岸にあったという（使徒一〇・六、三二）。当時、同業者たちはしばしば同じ地区にまとまって住んでいたのである。ペトロはこのように社会的に蔑視《べっし》され疎外されていた者たちに福音を伝えただけではなく、その人々の居住する地区で彼らと一緒に住むことを厭わなかった。これもイエスの振舞いに通じる。

コルネリウス物語

使徒一〇・一以下によれば、ペトロはヤッファからさらに海岸のヘレニズム都市カイサリアに赴き、すでにエルサレム会議（一六一頁以下）以前に、異邦人である「イタリア隊」の百人隊長コルネリウスとその親類、友人たちを信仰に導く。ルカはその次第を詳しく語っている。清い動物と汚れた動物に関する律法の清浄規定に忠実であったがゆえに（使徒一〇・一四、一一・八。六一頁）異邦人との交際をも避けていたペトロは、今やその清浄規定が無効であることを幻の中で啓示され、コルネリウスの招きに応じてその家を訪れ、福音を告げ知らせる。すでにコルネリウスもペトロを招くことを幻の中で天使から命じられていたのである。ペトロは彼の説教を聞いていた異邦人たちに聖霊が与えられたことを知ると、彼らに洗礼を受けることを命じる。

ルカはこの出来事によって教会の歴史に新しい時代が始まったことを示している。その際ルカは、コルネリウスへの天

ペトロの見た幻　使徒言行録10，9〜16。レンブラント、ペン画、1660年頃？ミュンヘン、グラフィック-アート美術館

使の出現、ペトロが見た幻、異邦人の家を訪れることを彼に命じる神の霊の語りかけ、異邦人への聖霊の授与を語ることによって、それがまったく神の意志による出来事であったことを強調する。ペトロからその報告を聞いたエルサレムの教会は最終的に彼の行動を是認《ぜにん》し、神を讃美する。人は神の業を妨《さまた》げることはできない（使徒一一・一～一七）。

この物語は全体としてルカが伝承に手を加えて作り上げた伝説的な作品である。背後に物語の核となる何らかの史実があったことは否定できないが、その内容と時期を確かめることはできない。ルカはこの物語をエルサレム会議において律法から自由なパウロの異邦人伝道を擁護するペトロの発言（一五・七～一一）の前提としてここに位置づけると同時に、ペトロを教会史に新しい時代をもたらす異邦人伝道の創始者としている。

たしかにルカはヘレーニスタイの指導者の一人フィリポによるエチオピア人宦官《かんがん》の受洗をすでにコルネリウスの受洗の前に置いている（八・二六～四〇）。ヘレーニスタイのグループでは異邦人の最初の回心はフィリポをとおして実現したと言われていたのかもしれない。それに対してルカは、エチオピア人の物語をコルネリウス物語のいわばプレリュードとしてここに組み入れている（H. Conzelmann, Die Apostelgeschichte, 1963, S.55）。フィリポによるエチオピア人の洗礼との関連では、ルカは異邦人への聖霊の授与という重要な出来事について報じていない（八・二六～四〇）。聖霊の授与を伴う異邦人の洗礼はペトロの伝道をとおして初めて実現したとルカは言う。

右に述べたように、エルサレムで復活のイエスの顕現に接し、聖霊を与えられた弟子たちの伝道をとおしてその都市に教会が誕生し、そこからエルサレム教会の指導のもとにサマリアおよび異邦人の地に福音が伝えられるというエルサレム中心的なルカの歴史記述の中で、ペトロは卓越した役割を果たしている（使徒一〜一二章）。たしかにこの記述には、全体的な構成においても個々の出来事においても、著者ルカの思想が色濃く表れている。しかしこのような記述の背後に、ペトロが最初期エルサレム教会の代表的使徒として、教会の信仰と指導と伝道において無比の役割を果たした事実があったことは認めざるを得ない。特に四二年頃エルサレムを離れた後は、すでにエルサレム会議以前に、基本的にはユダヤ人への使徒（ガラテヤ二・八。一六九頁以下）でありながら、実際に彼の伝道は異邦人にも及んでいたであろう。コルネリウス物語の構成と位置づけもたしかにルカの手によるものであるが、この物語には浄不浄のユダヤ的慣習から比較的に自由な、ペトロの異邦人伝道の有りようが反映されている。

五　エルサレム会議

アンティオキア教会

ルカはコルネリウスの回心を報じた後に、シリアのアンティオキアにおける教会の成立に言及する。ステファノの説教をきっかけにして起こった迫害のためにエルサレムから諸地方に散らされたヘレーニスタイの一部がアンティオキアに行き、ユダヤ人だけではなく異邦人にも伝道し、多くの者たちを信仰に導いたという（使徒一一・一九～二一）。アンティオキアはローマ、アレクサンドリアに次ぐローマ帝国第三の大都市で、元首直属の属州シリアの首都であった。ある推計によると当時の人口は約五〇万人、そのうちの少なくとも一〇パーセントはユダヤ人であった。その地でユダヤ人と異邦人の混成教会が形成された。キプロス島出身のバルナバも（使徒四・三六）、ステファノの殉教に続く迫害の中でヘレーニスタイの一人としてエルサレムを離れ、アンティオキアにおける伝道と教会形成に最初から参加し、そこで大きな役割を担っていたものと思われる（佐竹明『使徒パウロ』一一三頁以下）。彼は後からその都市に来たパウロと一緒に教会を指導し、さらにパウロと共にその教会から送り出されて故郷キプロス島から始めて、小アジア南東部に伝道の旅をした（使徒一三・一～一四・二七）。

　このようにしてヘレーニスタイによって形成され、指導されたアンティオキアの教会は、初めからユダヤ教の律法に対して自由な態度をとっていたと考えてよい。そこではテトスのように、異邦人が割礼を受けずに教会に迎え入れられていたのである（ガラテヤ二・三）。

割礼問題

　ところがエルサレム教会のユダヤ主義者たちあるいは彼らと関係のある者たちがアンティオキアに来て、異邦人キリスト者に割礼を受けることを要求したので、「パウロやバルナバとその人たちの間に、激しい意見の対立と論争が生じた」（使徒一五・二）。パウロから見れば、この者たちは、律法の行為ではなくイエス＝キリストへの信仰によって救われ、律法から自由に生きるキリスト者の「自由を付けねらい、こっそり入り込んで来た」「偽の兄弟たち」である（ガラテヤ二・四）。彼らはエルサレム教会の権威を笠《かさ》に着て異邦人キリスト者に割礼を要求したのであろうが、エルサレム教会の使徒たちから遣わされた公的な使者ではなく、エルサレム会議の後に「ヤコブのもとから」アンティオキア教会に派遣された者たち（二・一二）とは立場も主張も異にする（一七五頁以下）。

割礼は生後八日目に男子の生殖器の包皮を切除する儀式である。ユダヤ人にとってそれは神との契約の印（創世記一七・九～一四）、神に属する者であることの印（『ヨベル書』一五・二六）として、きわめて重要な事柄、不可欠な事柄であった。それはユダヤ教に改宗する異邦人男子にも要求される。したがって、異邦人キリスト者に割礼を要求することは、キリスト者になるためには律法を遵守しユダヤ教徒としての条件を満たさなければならないということを意味し、キリスト教をユダヤ教の枠の中に位置づけることになる。このように、割礼をめぐるエルサレムのユダヤ主義者とアンティオキア教会のパウロやバルナバとの間の意見の対立は、福音の本質、キリスト教そのものの根幹にかかわる重大問題であった。

パウロのエルサレム上京

アンティオキアの教会は割礼問題について「使徒や長老たちと協議するために、パウロとバルナバ、そのほか数名の者がエルサレムに上ること」を決めた、とルカは報じている（使徒一五・二）。パウロ自身は、アンティオキア教会からの派遣については語らず、そのエルサレム訪問が神の「啓示によるもの」であったことを強調している（ガラテヤ二・二）。彼は律法から自由な自分の異邦人伝道についてエルサレム教会の「おもだった人たち」であるヤコブ、ペトロ、ヨハネの承認が必要であるとは考えなかったであろう。彼は自分が「人々を通してではなく、イエス・キリストと、キリストを死者の中から復活させた父である神とによって」（一・一）異邦人への使徒とされたことを自覚していた（一・一六）。しかし、今やアンティオキアでは、彼が宣べ伝えている福音の真理がエルサレムの権威を持ち出すユダヤ主義者たちの活動によって危険にさらされている。そのため彼は、「おもだった人たち」に対して律法から自由な福音を主張して彼らの同意を求めるために上京したのである。それはキリスト教信仰の本質に属する全教会的な一致と交わりを実現するためにも必要なことであった（三・二八）。

エルサレム会議はこのような事情で開かれた。使徒会議ともいわれる。パウロが回心後に最初にエルサレムを訪問してから足掛け「十四年たってから」（二・一）のことであった。紀元四八年頃と考えられる。会議についてはルカ（使徒一五・一～二九）とパウロ（ガラテヤ二・一～一〇）がそれぞれの立場から報告している。二つの報告には相異があるが、両者は会議の主たる動機と議題が割礼問題であった点で一致している。ガラテヤ二・三によれば、パウロは割礼を受けていない異邦人キリスト者テトスをあえて会議に同行させている。それは、異邦人の割礼の問題を最重要議題とする会議において、この異邦人キリスト者を「いわばアンティオキア教会の信仰生活の生証人として」（佐竹明『使徒パウロ』二二二頁）エルサレム教会に紹介するためであった。

ペトロからヤコブへ

　エルサレム会議の時には、その教会の最高指導者はすでにペトロからイエスの兄弟ヤコブに変わっていた。パウロは会議報告の中で当時エルサレム教会の「柱と目されるおもだった人たち」の名前をヤコブ、ケファ、ヨハネの順序で挙げている（ガラテヤ二・九）。会議に関するルカの報道（使徒一五・一以下）もこれと一致する。議論の後にペトロに次いでパウロとバルナバが発言するが、最終的な判断を下すのはヤコブである（一五・一三）。

　ヤコブはイエスの生前はその活動に批判的であったが（マルコ三・二一）、復活のイエスの顕現に接してエルサレム教会に初めから加わり（使徒一・一四）、そこにおいて数年を経ずしてペトロと並んで大きな影響力を持つようになった。このことは、ガラテヤ一・一九（一四七頁）のほかに、復活のイエスの顕現に関するパウロの記述（第一コリント一五・三〜七）からも推測することができる。そこでは、復活のイエスが「五百人以上もの兄弟たち」への顕現（六節）を挟んで、「ケファに現れ、その後十二人に現れたこと」（五節）と、「ヤコブに現れ、その後すべての使徒に現れたこと」（七

牢からのペトロの救出　使徒言行録12, 7。レンブラント、ペン画、1655年頃？　かつてドレスデン、フリードリッヒ＝アウグスト２世の所蔵

節）が、「次いで」という副詞によって時間的な前後関係の中に置かれている。しかしこの二つの句は元来別々の伝承であったと考えられる。おそらく七節の伝承は、エルサレム教会の中で、ヤコブの台頭に伴い、ヤコブがイエスの復活の最初の証人であることを主張する意図をもって、五節の伝承の形に倣《なら》って形成されたのではなかろうか（G・リューデマン　一一九頁以下）。二世紀前半の『ヘブライ人福音書』もヤコブを復活のイエスの顕現に最初に接した者としている（一七）。

さらに使徒一二・一～一七では、ヘロデ＝アグリッパ一世の迫害で投獄されたペトロは、天使に助けられて牢獄から脱出すると、大勢のキリスト者が集まっていたヨハネ＝マルコ（一九一頁以下）の母マリアの家に行き、「このことをヤコブと兄弟たちに伝えなさい」と言い残し、「そこを出て、ほかの所へ行った」と言われている。この物語の背後には、アグリッパ一世による教会迫害の中で奇跡的に獄から救出されたペトロが、彼にとってきわめて危険なエルサレムを離れて他の地でおもにユダヤ人を対象とする伝

道に専念するようになり（ガラテヤ二・七。一六二頁）、エルサレム教会ではそのペトロに代わってイエスの兄弟ヤコブが最高指導者になった、という事実があったと考えられる。四二年頃のことである。しかし四四年にアグリッパ一世が死んだ後、ペトロは時おりエルサレムに戻って短期間そこに滞在し、彼の伝道活動について教会に報告することもあったであろう。エルサレム会議には伝道を一時中断して出席したものと思われる。

エルサレム教会でイエスの兄弟ヤコブが大きな力を持つようになったのは、イエスとの近親関係に負うところが少なくなかったであろう。彼の殉教（六二年）の後にその後継者となったのはイエスの従兄弟シメオンであった（エウセビオス『教会史』三・一一・一）。もちろんヤコブの台頭は彼自身の人格と信仰、指導力にも依ろう。特に彼が——パレスチナのユダヤ人キリスト者ヘゲシッポス（～一八〇年頃）によればユダヤ人の間で「義人」と呼ばれていたように（同二・二三・七）——律法に忠実なユダヤ人であったことを考慮しなければならない。エルサレム教会では律法と神殿を重んじるユダヤ人キリスト者がもともと多数を占めていたが、特にステファノの殉教とヘレーニスタイに対する迫害の後は、律法遵守の傾向が（使徒一五・五）ますます強くなったであろう。

だがエルサレムでは、律法遵守に熱心なユダヤ教徒がユダヤ人キリスト教会の律法遵守についてなお嫌疑と不満を抱いていたようである。アグリッパ一世による教会迫害（使徒一二・一～四）も律法問題と無関係ではなかったであろう。その迫害を特に喜んだのは律法に熱心なユダヤ教徒であったと考えられる。このような状況にあったエルサレム教会にとって、律法に対して比較的自由な態度を示すペトロよりも厳格に律法を遵守する義人ヤコブのほうが最高指導者として適任であったにちがいない。実際、ヘレーニスタイに対する迫害の時にはなおエルサレムにとにかく留まることができたペトロも、今やついに迫害を逃れて都を去らなければならなかった。一方、ヤコブと彼の下にある教会はユダヤ教のいわば総本山に留まることができたのである。

会議におけるペトロ

さてパウロは、エルサレム会議の報告（ガラテヤ二・一～一〇）の中で、「おもだった人たち」がテトスに割礼を強制しなかったことを強調し、彼らが「わたしとバルナバに一致のしるしとして右手を差し出した」（二・九）と書いている。パウロたちの主張が認められるまでには激しい議論があったにちがいない。使徒言行録一五・七以下によると、「多くの論争があった後」（岩波書店版『新約聖書』）、ペトロは異邦人への聖霊の授与を根拠に、また、ユダヤ人にも負い切れなかった律法のくびきを異邦人キリスト者に負わせるべきではないとの理由で、律法から自由なパウロたちの異邦人伝道を擁護する。次いでパウロとバルナバが自分たちをとおして神が異邦人の間で行った奇跡について語る。最後にヤコブが「神に立ち帰る異邦人を悩ませてはなりません」と発言し、異邦人キリスト者には律法の中の四つの禁止命令だけを守ること求めるという判断を下すと、一同はそれに従い、その旨をアンティオキアとシリア州、小アジアの南東部に位置するキリキア州の異邦人キリスト者たちに書き送った。一般に使徒教令と呼ばれる。

　このように、エルサレム会議に関するルカの叙述によると、律法と異邦人の問題に関してペトロはパウロに近い。その記事には、ホモテューマドン（「心を一つにして」「満場一致で」）というギリシア語に端的に表されているように（使徒一五・二五）、使徒時代の教会の基本的一致を強調するルカの傾向が見られる。なかでもユダヤ人も異邦人も「主イエスの恵みによって救われる」というペトロに帰されている発言は、パウロ的な響きを感じさせる。「ルカがペトロをして――多かれ少なかれ――パウロのように語らせていることは確かに事実である」（C. K. Barrett, The Acts of the Apostles, II. 1998, p.720）。したがって、この記述がどれほど史実に即しているかという問題は残る。しかしペトロが律法から自由なパウロやバルナバの異邦人伝道を理解し、ユダヤ主義者たちの批判に対してそれを擁護したことは、パウロの手紙からも知ることができる（ガラテヤ二・六、一二）。ヤコブもエルサレム教会の最高指導者として会議の決定に当然大きな役割を果したであろう。ただし、後述するように、彼の判断によって異邦人キリスト者に律法の中の四つの禁止命令を課すことがこの会議で決められたというルカの記事は、おそらく事実に即していない（一七九頁以下）。

伝道対象の区分

　パウロによると、この会議でペトロとパウロがそれぞれ従事してきた伝道の特色が確認された。「おもだった人たち」は、神からペトロに「割礼の福音」が委ねられているように、パウロには「無割礼の福音」が委ねられていることを確認したのである（ガラテヤ二・七）。「割礼の福音」と「無割礼の福音」はそれぞれ――『聖書　新共同訳』が訳しているように――「割礼を受けた人々（ユダヤ人）に対する福音」、「割礼を受けていない人々（異邦人）に対する福音」を意味している。事実この会議では、パウロとバルナバが異邦人に伝道し、エルサレムの使徒たちがユダヤ人に伝道するという取り決めがなされた（二・九）。しかしこのことはたんなる伝道対象の区分にとどまらず、福音の性格の相異をも含意する。「無割礼の福音」は割礼を受けていない人々（異邦人）が「無割礼のままで――つまり律法のわざなしに――招かれることを意識的に明白に主張する福音」であり、他方「割礼の福音」は「無割礼のまま招かれることをはっきりと主張することをしない福音というにとどまる」（佐竹明『ガラテア人への手紙』一五二～一五三頁）と言えるかもしれない。しかし「割礼の福音」の意味はかならずしも明白ではなかったようである。後にエルサレムのヤコブのもとからアンティオキアに来たユダヤ人キリスト者は（ガラテヤ二・一二）、それをユダヤ人キリスト者に律法遵守を義務づけるものとして受けとめたのではなかろうか（一七五頁以下）。

いずれにせよ、会議で確認された伝道対象の区分は実際には貫徹されなかった。それはユダヤ人と異邦人が混在している地域ではほとんど不可能であったにちがいない。例えばコリント教会における「わたしはケファにつく」と言う者たちの存在は（第一コリント一・一二）、ペトロの伝道が異邦人にも及んでいたことを示唆している（一八四頁以下）。他方、パウロがユダヤ人の会堂で伝道したことは彼自身の手紙が示唆している（第一コリント九・二〇、第二コリント一一・二四～二六）。

パウロの募金活動

パウロは会議の報告の最後に、エルサレム教会の「貧しい者たち」のために異邦人キリスト者の間で募金活動を行うことをヤコブ、ペトロ、ヨハネから求められたと述べている（ガラテヤ二・一〇）。「貧しい者たち」は、当時ユダヤ人の間では、経済的に困窮している者たちだけでなく、神に対して敬虔《けいけん》な者たち、謙虚な者たちの呼び名でもあった。エルサレムのユダヤ人キリスト者たちがこの意味でみずからを「貧しい者たち」と称していたことは考えられ得ることである。そして、その教会の指導者たちは異邦人教会からの献金を、終末時にすべての民族が供え物を携えてエルサレムに来るという旧約聖書の期待に基づいて要請したのかもしれない。あるいは、ユダヤ教徒に課せられたエルサレム神殿への神殿税に類するものが彼らの念頭にあったのだろうか（二八頁以下）。

しかし、エルサレム教会には経済的に困窮している者たちが多くいたことは事実である（ローマ一五・二六、使徒六・一）。特に、ティベリウス＝アレクサンドロスがユダヤの総督であった時代（四六～四八年）にユダヤは大飢饉に見舞われ（四七年頃）、多くの人々が食料を買う金も無く餓死したという（『古代誌』二〇・五一、一〇一、使徒一一・二八）。この頃、パウロはエルサレム教会の貧しい人々のための募金に尽力した。その活動は彼にとって経済援助以上のことを意味していた。それは「もはやユダヤ人もギリシア人もありません。あなたがたは皆、キリスト・イエスにおいて一つだからです」という福音の具現にほかならなかったのである（ガラテヤ三・二八）。

六　アンティオキア事件とその後

パウロの記述とルカの沈黙　エルサレム会議以後、ペトロは使徒言行録にはもはや姿を現さない。他方パウロは、ペトロが会議の後にアンティオキア教会を訪ねたことを報じている。

さて、ケファがアンティオキアに来たとき、非難すべきところがあったので、わたしは面と向かって反対しました。なぜなら、ケファは、ヤコブのもとからある人々が来るまでは、異邦人と一緒に食事をしていたのに、彼らがやって来ると、割礼を受けている者たちを恐れてしり込みし、身を引いて行ったからです。そして、ほかのユダヤ人も、ケファと一緒に偽善を行い、バルナバさえも彼らの偽善に引きずり込まれてしまいました。しかし、わたしは、彼らが福音の真理にのっとってまっすぐ歩いていないのを見たとき、皆の前でケファに向かってこう言いました。「あなたはユダヤ人でありながら、ユダヤ人らしい生き方をしないで、異邦人のように生活しているのに、どうして異邦人にユダヤ人のように生活することを強要するのですか。」
（ガラテヤ二・一一～一四）。

厳しいペトロ批判である。「アンティオキア事件」あるいは「アンティオキアの衝突」といわれているが、その詳しい内容は分からない。パウロの記述は短く、しかも衝突の一方の側からの報告である。実際には報告というよりも論難に近い。パウロの非難に対してペトロが何と答えたのか。二人の論争はどのような結果に終わったのか。このような問題はここでパウロの視野に入っていない。いや、彼はそのことをむしろ故意に書かなかったのかもしれない。

ルカが使徒言行録でこの事件を報じていないのは、それを知らなかったからではなく、使徒時代の教会の一致をできるだけ強調しようとする執筆意図による（二三〇頁）。初期キリスト教の歴史の中で大きな出来事であった二人の指導的な使徒の衝突をルカがまったく知らなかったということは考えにくい。

アンティオキア教会の共同の食事　ペトロがアンティオキア教会を訪れたのはエルサレム会議から数か月後のことであったと思われる。その頃、パウロとバルナバはすでにエルサレム会議からアンティオキアに帰り、その教会を指導したのち、キプロス島および小アジア南東部への伝道旅行（第一伝道旅行）に出発していた（使徒一三〜一四章）。衝突は、この伝道旅行からアンティオキアに戻ったパウロが、そこから第二伝道旅行（使徒一五・三六〜一八・二二）に出る前に起きたのであろう（四九年頃）。

アンティオキアの教会はユダヤ人と異邦人の混成教会であったが、ペトロがそこに来た頃はまだユダヤ人が多数を占めていた。そして、異邦人もユダヤ人と一緒に食事をするようになっていた。エルサレム会議の取り決めによって異邦人は「ユダヤ人らしい生き方をしないで」、つまり割礼を受けて律法を遵守し、みずからをユダヤ化することなく、教会への加入が認められるのであれば、そこでは、ユダヤ人キリスト者との食卓の交わりも許されるはずである。教会は多分そのように考えたのであろう。その食事では聖餐式も一緒に行われていた。当時はまだ聖餐式と通常の食事が分けられていなかったのである（第一コリント一一・二七〜三四）。もともと律法主義の立場をとっていなかったペトロも、「無割礼」の福音を認めたエルサレム会議の取り決めを彼なりに理解して、その食事に参加したのであろう。ユダヤ教の食物規定（例えばレビ記一一・一以下、申命記一四・三以下）に対するイエスの大胆な批判的発言（マルコ七・一五）も彼の記憶に残っていたにちがいない。彼は教会におけるユダヤ人キリスト者と異邦人キリスト者との共同の食事の光景にただ感動して無思慮にその食事に加わったわけではなかろう。

食物規定はユダヤ人の日常生活の中で大きな場を占めていた。彼らは宗教上の汚れを恐れて異邦人と一緒に食事をしなかった（一五九頁）。異邦人の食物には宗教的に汚れているとされる動物の肉や偶像に供えられた肉などが含まれているかもしれないからである。前一六七年、シリアの王アンティオコス＝エピファネスによるユダヤ教迫害の中で、律法に忠実なユダヤ人たちは汚れた動物とされている豚の肉を食べるよりもむしろ殉教の死を選んだと伝えられている（第二マカバイ六・一八以下）。その後、前二世紀後半に、エッセネ派あるいはそれに近いユダヤ教の流れ（三六頁）の中で成立したと考えられる『ヨベル書』において、ユダヤ人の父祖アブラハムは族長ヤコブに命じる。「わが子ヤコブよ、お前はわたしの言葉を肝に銘じ、お前の父（祖）アブラハムの命令を守れ。異教徒たちとはきっぱりと手をきり、彼らと食卓を囲んだり、彼らの行ないにならって行動したりするな。また彼らと仲間になるのではない」（二二・一六。村岡崇光訳）。食物規定はユダヤ人を異邦人から分離し、異教的影響から守る機能をも果たしていたのである。

ヤコブのもとから来た人たち

当時エルサレムとアンティオキアの間でユダヤ人の往来は盛んであった。アンティオキア教会におけるユダヤ人と異邦人との共同の食事のことはエルサレム教会に伝わったにちがいない。「ヤコブのもとから」来た者たちは、その実情を知るために、あるいはそれを止めさせるために、エルサレム教会からアンティオキアに派遣されたのであろう。彼らは、ユダヤ人キリスト者が異邦人キリスト者と食事を共にすることは、前者に律法遵守を義務づけているはずの「割礼の福音」に反する、と考えたのであろう（一七〇頁）。

パウロの非難

ヤコブのもとから派遣された者たちが来ると、ペトロの心は揺れ動き、躊躇《ちゅうちょ》しながら共同の食事から次第に身を引いて行った（ガラテヤ二・一二）。パウロはこのペトロの行動を「偽善」と断じる。パウロから見れば、ペトロは――この場合、特に食物規定に関し――異邦人のように律法から自由に生活していたにもかかわらず、定見を持たず、今や共同の食事から身を引き、しかも異邦人キリスト者にも「ユダヤ人のように生活すること」を強要しているのである。ペトロは異邦人キリスト者に対して明確な言葉でそれを要求したわけではなかろう。しかし、アンティオキア教会でもペトロは卓越した権威を持つ使徒である。当時はまだ多数を占めていたユダヤ人キリスト者がペトロにならって共同の食事から身を引き、さらにその教会の指導者であり、それまでずっとパウロの僚友《りょうゆう》であり協力者でもあったバルナバさえも退いてしまっては、とり残された少数の異邦人キリスト者は困惑し、不安に陥《おちい》る。大事な聖餐式が執《と》り行われる教会の食事の交わりに受け入れられるためにはユダヤ人のように割礼を受け、律法に従って生きなければならないのかと、どうしても考えてしまう。この意味でペトロの行動は「異邦人にユダヤ人のように生活することを強要する」ものである。しかしそれはエルサレム会議で確認された「無割礼の福音」に反する。キリストを信じる信仰による救いを掲げる「福音の真理にのっとっていない」（ガラテヤ二・一四)。福音の重大な危機である。したがってパウロは、ペトロには「非難すべきところがあった」(ギリシア語カテグノースメノス・エーン)と断じるのである。これは「神の前で罪あるいは死に定められた」という意味をも持つ強い表現である。

パウロが教会の集会に集まっている全信徒の前でペトロを「面と向かって」厳しく非難したのは、ペトロの重要な立場を考えたからであろう。ペトロはアンティオキア教会で大きな影響力を持っていた。いや、それだけではなく、律法から自由なパウロの異邦人伝道には、初代教会の代表的使徒としてのペトロの理解と協力が必要であったにちがいない。

ペトロの配慮

ペトロがこのようにためらいながら共同の食事から身を引いて行ったのは「割礼を受けている者たちを恐れて」のことであった、とパウロは言う。「割礼を受けている者たち」とは、直前のガラテヤ二・七〜八と同じく、ここでもユダヤ人すなわちユダヤ教徒を指している。

それではペトロはなぜユダヤ人を恐れたのか。われわれはもはやペトロ自身の言い分を聞くことはできない。この関連で、当時のパレスチナのユダヤ人の間には、熱心党の運動に見られるように(三二頁)、律法への忠誠と結びついた反ローマ的民族主義の感情が高まっていたことがしばしば指摘されている(例えば佐竹明『使徒パウロ』一五四頁以下、上村静　二六頁以下、M. Hengel, S.105-6)。

そこでは、異邦人に同調したり妥協したりする同胞のユダヤ人に対する敵意が激しくなりつつあった。その状況の中で、アンティオキア教会におけるユダヤ人キリスト者と異邦人キリスト者との共同の食事は、エルサレム教会にとって憂慮すべき問題であったにちがいない。それはユダヤ――特にエルサレム――にいるユダヤ人キリスト者たちを窮地に追いやることになる。当然、迫害も起こるであろう。事実、それから十数年後に（六二年）、大祭司アナノスがイエスの兄弟ヤコブと他の指導的なユダヤ人キリスト者たちをも「律法を犯した者」として石打ちの刑に処するという事態が、エルサレムで生じたのである（『古代誌』二〇・二〇〇）。したがって、アンティオキア教会における共同の食事は、律法と救いについての神学問題であるにとどまらず、ユダヤの教会の存在を脅《おびや》かすほどの、きわめて厳しい現実的な問題でもあった。ヤコブのもとから来た者たちはペトロにこのような「現実的懸念をも熱心に伝えたにちがいない」（佐竹明　前掲書　一五五頁）。ペトロはその説得に耳を傾けたのではなかろうか。それだけではなく、彼にはエルサレム教会とアンティオキア教会という二つの大きな教会の関係を維持したいという意図もあったであろう。彼は躊躇しながら自分の信念に反する行動をとってしまう。

ペトロとアンティオキア教会

パウロの非難に対してペトロがどのように応《こた》えたかをわれわれはもはや知ることができない。しかし、もしペトロとバルナバがパウロの非難を真摯《しんし》に受けとめ、アンティオキア教会がパウロを支持し、共同の食事を再開したとすれば、パウロはガラテヤの信徒への手紙でそのことにも言及したのではなかろうか。それは異邦人キリスト者に割礼と律法遵守を要求するガラテヤのユダヤ主義者たちとの戦いの中で、パウロに有利な事例となったはずである。しかしパウロはそのことを報じていない。おそらくアンティオキア教会は、衝突の後、パウロよりもペトロの側についたのであろう。ペトロの権威と役割を特に強調するマタイ福音書（二二〇頁以下）がシリアで成立したとすれば、それはこの地方でペトロの影響力が強かったことの一つの証左となり得る。『ペトロ福音書』も二世紀半ばにアンティオキアかその周辺で書かれたものと思われる。すでにアンティオキアの司教イグナティオスは、パウロと並んでペトロを重んじている（二〇六頁）。さらに教会の伝承では、イグナティオスはアンティオキアの司教としてペトロの二代目の後継者であったと言われている（エウセビオス『教会史』三・三六・二）。これらのことから、ペトロはアンティオキアの衝突以後も、比較的長い間、その都市を中心にシリアで権威ある使徒として指導的な役割を担っていたものと推測される。

使徒教令

すでに言及した使徒教令（一六八頁以下）への関与もアンティオキア時代のペトロの活動の一つに数えることができよう。使徒言行録によると、エルサレム会議においてヤコブは、一定の条件の下で、異邦人キリスト者に割礼を含む律法からの自由を認める、という妥協的な判断を下し、一同の同意を得ている。「神に立ち帰る異邦人を悩ませてはなりません。ただ、偶像に供えて汚れた肉と、みだらな行いと、絞《し》め殺した動物の肉と、血とを避けるようにと、手紙を書くべきです」（一五・一九～二〇）。ここで禁止されている四つの項目はレビ記一七～一八章に基づく。そこでは「偶像に供えて汚れた肉」は言及されていないが、偶像礼拝が禁止されている。また、「すべての生き物の命はその血である」という理由で、「血を食べる」ことも禁じられている。「絞め殺した動物の肉」とはユダヤ教の祭儀規定に従って屠《ほふ》らず、血を体外に注ぎ出していない動物の肉である（レビ記一七・一三）。「みだらな行い」はレビ記一八章で禁じられている血族結婚あるいは近親相姦を指す。この四つはイスラエルの民の間に寄留する外国人にとっても守るべき最小限の禁令とされていた。使徒教令はそれを異邦人キリスト者に適用したのである。その中で、「みだらな行い」を別にすれば、他の三項目がすべて食物に関する規定であることは注目に値する。

　しかし律法の一部を異邦人キリスト者に課す使徒教令が実際にエルサレム会議で決議されたとは考えられない。パウロは会議報告の中でそれには触れていない。むしろ彼は律法と異邦人キリスト者の問題について「おもだった人たちは、わたしにどんな義務も負わせませんでした」（ガラテヤ二・六）と言い切っている。実際、彼は使徒教令そのものを知らなかったようである。エフェソ滞在中（五三頃～五五年頃）に書いたコリントの信徒への手紙一（八章、一〇章）においても、コリント滞在中（五五頃～五六年頃）に書いたローマの信徒への手紙（一四章）においても、偶像に供えられた肉の問題を詳しく論じるとき、彼は使徒教令には全く触れていないし、その肉を食べることと自体を禁じてもいない。

そもそも混成教会におけるユダヤ人と異邦人との共同の食事・聖餐式という重要問題がエルサレム会議で論じられた形跡はない。会議以前には、アンティオキアの教会で共同の食事はまだなされておらず、もちろんその問題も生じていなかったものと思われる。従って使徒教令は、エルサレム会議の後に、アンティオキアにおけるペトロとパウロの衝突をきっかけに、アンティオキアおよびその周辺の混成教会におけるユダヤ人キリスト者と異邦人キリスト者の共同の食事を可能にするために、エルサレム教会とアンティオキア教会が新たに取り決めたものであると考えられる。その場所はエルサレムではなかったか。パウロは出席しなかったが、その際ヤコブとペトロはそれぞれの教会を代表する指導者として決定的な役割を果たしたことであろう。

衝突後のペトロとパウロ

パウロのほうはアンティオキアの衝突の後まもなくその都市を離れ、伝道の旅に出た。しかし今回は以前のようにバルナバが同行することはなかった。アンティオキアの衝突に一言も触れなかったルカは（一七三頁）、先の伝道旅行の途中でエルサレムに帰ってしまったマルコを連れて行くか否かについて、パウロとバルナバの間に激論が戦わされ、その結果、「彼らはついに別行動をとるようになった」と報じている（使徒一五・三六〜四一）。だが別行動の本当の原因はアンティオキアにおけるペトロとパウロの衝突にあったと考えてよい。その時バルナバは、ペトロに従って、異邦人との食卓の交わりから身を引いてしまったのである。アンティオキアを出発したパウロは小アジア、マケドニアを経てギリシアにまで足を伸ばし、諸都市で伝道し、教会を設立した。

一方ペトロは、比較的長期にわたって滞在したと思われるアンティオキアを離れた後、最後にローマに来るまで、どこで活動していたのか。それは定かでない。ペトロの手紙一の著者は手紙の宛先を「ポントス、ガラテヤ、カパドキア、アジア、ビティニアの各地に離散して仮住まいをしている選ばれた人たち」としている（一・一）。ここに挙げられている地名はローマ帝国の四つの属州（ビティニアとポントスは一つの属州）を指し、小アジアのほぼ全域を占める。当時そこには多種多様な民族が居住し、ユダヤ人も住んでいた。

エウセビオスは、伝承によればペトロはこの全地方でディアスポラのユダヤ人に伝道した、と述べている（『教会史』三・一・一〜二）。だが、おそらくそうではなかろう。この手紙の著者は手紙が小アジア全域の多くのキリスト者に読まれるべき普遍性を持つものであることを、冒頭でこれら諸州の名前を挙げることによって主張しているのであろう。しかし、異邦人を対象にアジア州あるいはそれよりも西のヘレニズム都市で成立したと考えられるルカ福音書・使徒言行録、パウロの手紙、コリントのキリスト者へのクレメンスの手紙などでペトロが重視されていることは（二〇二頁以下、一二四頁以下、一三七頁)、アンティオキア事件以後の彼の活動――あるいは少なくともその影響――がシリアとローマに限られず、その間にある諸地域にも及んでいたことを示唆している。そこにはもちろんディアスポラのユダヤ人の会堂があったが、その礼拝には「神を畏《おそ》れる者たち」――すなわちユダヤ教への改宗に必要な割礼は受けていないが、この宗教の律法に多かれ少なかれ従って生活している異邦人たち――も参加していた。このような状況の中でペトロの伝道の対象がユダヤ人に限定されていたとは考えにくい。むしろイエスの筆頭弟子、復活のイエスの顕現に最初に接した者、最初期エルサレム教会の最高指導者であったペトロは、特別な権威を持つ「異邦人への伝道者」でもあったにちがいない。その権威はパウロのそれに比して勝るとも劣らぬものであったであろう。したがって、アジア州およびそれより西の地域において、「異邦人への使徒」パウロの活動とペトロのそれとは多かれ少なかれ競合したことであろう。そして、すでにアンティオキアの衝突によって両者の間に生じた深い溝は埋められずに残ったのではなかろうか (M. Hengel, S.78 ff.)。

コリントに滞在したか

この関連でペトロのコリント滞在の問題も取り上げなければならない。コリントは当時ローマの属州アカイア州の首都で、文化と商業の中心都市として繁栄していた。パウロは第二伝道旅行中に五〇年頃から五二年頃まで一八ヶ月ここに滞在し、彼の伝道をとおしてこの大都市に教会が成立した。ペトロがその設立に関わらなかったことは明らかである。使徒言行録はもちろんのこと（二三〇頁）パウロの手紙もそれについては何も語っていない（使徒一八・一～一七、第一コリント三・六、四・一五）。

その後パウロは、第三伝道旅行の中で約二年（五三頃～五五年頃）滞在した小アジアのエフェソからコリントの教会に書き送った第一の手紙の中で、ペトロと他の使徒たちと主の兄弟たちが妻と一緒に教会の支援を受けて伝道旅行をしていることに言及している（九・五）。おそらくこのことはすでにコリントの信徒たちに知られていたであろう。だが、この短い言及から直ちにペトロのコリント滞在を推論することはできない。他の使徒たちや主の兄弟たちの場合にも、またペトロの場合にも、コリントの信徒たちは妻を伴う伝道旅行についてただ伝え聞いていただけであったかもしれない。

この関連で重要なのはむしろコリントの教会におけるケファ（ペトロ）派の存在である。この手紙でパウロは、冒頭の挨拶に続いてコリント教会の信徒たちの救いのゆえに神への感謝を述べた後、ただちに教会の一致を脅かす分派争いについて論じる。それは彼にとって由々しき問題であったにちがいない。「わたしの兄弟たち、実はあなたがたの間に争いがあると、クロエの家の人たちから知らされました。あなたがたはめいめい『わたしはパウロにつく』『わたしはアポロに』『わたしはケファに』『わたしはキリストに』などと言い合っているとのことです。キリストは幾つにも分けられてしまったのですか」（一・一二～一三）。アポロはアレクサンドリア出身のユダヤ人で、旧約聖書に精通した雄弁家であった（使徒一八・二四）。

　パウロの短い論述からこれらの分派の性格を知ることは難しいが、パウロ、アポロ、ペトロの間に福音理解をめぐる根本的な対立があったとは思えない。個人的関係においても、少なくともパウロとアポロとの間には対立を想定することはできない。むしろパウロはコリント教会の形成におけるアポロとの協力について「わたしは植え、アポロは水を注いだ」（第一コリント三・六）と述べている。ここでパウロが批判するのは教会員の間の分派争いであり（三・四～九）、分派的な誇りである。「だれも人間を誇ってはなりません」（三・二一）。ペトロとの関係について言えば、まさしくこの手紙の中でパウロは、アンティオキアの衝突（四九年頃）から一年半ほど後のコリント伝道の際に、復活のイエスが先ずペトロに現れたという、エルサレム教会に起源する古い伝承を「最も大切なこととして」伝えたと明言し（一五・三～五）、彼の宣教がペトロをはじめとするエルサレムの使徒たちのそれと同一の基盤に立っていることを強調しているのである（一五・一一）。

　しかしパウロはペトロとの協力関係には言及していない。むしろ彼は、アポロとの協力について述べたすぐ後に、教会の形成を建築に喩《たと》え、「わたしは、神からいただいた恵みによって、熟練した建築家のように土台を据えました。そして、他の人がその上に家を建てています。……イエス・キリストという既に据えられている土台を無視して、だれもほかの土台を据えることはできません」

（三・一〇〜一一）と言う。ここではコリント教会における分派争いとの関連で、ケファ派の主張が暗に批判されているのかもしれない。彼らはペトロをイエスの筆頭弟子、イエスの復活の最初の証人、教会の土台（マタイ一六・一八）として重んじ、「誇り」（第一コリント三・二一）、パウロの上に位置づけていたのであろう。コリント教会内のこのようなペトロ派の存在は、そこにおけるパウロの指導と伝道を難しくしたであろう。彼にとってその存在は非常に気掛かりであったにちがいない。それは二人の使徒の間の緊張をさらに高める結果となったのではなかろうか。「わたしは他のすべての使徒よりずっと多く働きました」（一五・一〇）というパウロの言葉にも、とりわけ、大きな権威を持つペトロへの対抗意識が感じられる。これは特にペトロ派を意識した言葉ではなかろうか。

だがペトロ自身とケファ派との関わりは明らかでない。それはコリントにおける彼の活動の中から生じたのだろうか。分派との関連でペトロと並んで名前が挙げられているパウロとアポロは、事実コリントに滞在して指導的な役割を果たしていた。それに、コリント教会の分派には洗礼を授けた伝道者への帰属意識が刻印されていることが指摘されている（第一コリント一・一三〜一七）。そうであれば、ペトロもアポロと同様に（三・五）コリントの教会を訪れて伝道活動をし、ある者たちに洗礼を授けたことも考えられないことではない。しかし、ペトロが実際にコリントで伝道活動を行わなくても、どこか他の地でペトロから洗礼を受け、後にコリントに移り住むようになった者たちを中心にケファ派がつくられた可能性も排除できない。あるいは、コリント教会の信徒の一部が、ペトロと直接の接触がなくても、この卓越した使徒の名のもとに分派をつくったということもあり得ないことではない。

このようにペトロのコリント滞在の有無は決定的に否定することも肯定することもできない問題である。しかしいずれにせよ、コリントにおけるケファ派の存在は、ペトロがすでに五〇年代前半にパレスチナ、シリアから遠く離れた西方におけるパウロの伝道圏でもよく知られ、パウロの伝道教会に大きな影響を及ぼしていたことを指し示している。

その後パウロがなおエフェソに滞在していたときに（五三頃～五五年頃）コリントの信徒に書き送った数通の手紙（現在のコリントの信徒への手紙二に収められている）の一つである第二コリント一〇～一三章は、この使徒の厳しい状況を伝えている。それはペトロとは無関係であるとは言い切れないようである。ここには、「ある人」の指導の下にコリント教会に来て、パウロたちが宣べ伝えたのとは「異なったイエス」、「違った福音」を宣べ伝え（一一・四）、自分たちの幻視体験やカリスマ的能力を誇るにとどまらず（一二・一～五、一二）、パウロを個人的に中傷し（一〇・一～二、一〇、一一・八）、彼がコリントの教会から報酬を受けていないことを理由に彼の使徒性に疑いを差しはさむ者たちが現れる（一一・七。第一コリント九・一以下参照）。今や深く傷つけられたパウロは、この敵対者たちに対して皮肉まじりに反論し、激しい言葉を浴びせる。彼らは偽使徒、ずる賢い働き手、サタンに仕える者たちである、と（一一・一三～一五）。この者たちの人物像と宣教内容は明らかでないが、たしかに彼らはユダヤ人キリスト者であり、伝道者でもある（一一・二二〜二三）。コリントの信徒たちに知られている権威からの推薦状を携えて来ている（三・一）。しかし彼らが宣べ伝えている「異なったイエス」、「違った福音」とは、ガラテヤの信徒への手紙でパウロが論難しているユダヤ主義的なものではなく、地上のイエスの言葉や奇跡を強調する福音であろう。それを宣べ伝える者たちは自分たちのカリスマ的な奇跡行為を誇り、そこに「使徒のしるし」（一二・一二）を見ようとした。

この「偽使徒たち」は、パウロが――皮肉まじりに？――「超使徒たち」と呼ぶ権威を後ろ盾にして、コリント教会で反パウロ的な運動をしていた（一一・五、一二・一一）。ここで彼らが依拠した「超使徒たち」とは、ペトロによって代表されるエルサレム教会の最初の使徒たちあるいは「柱と目されるおもだった人たち」ではなかったか。彼らがペトロの伝道活動の中からコリントに遣わされ、かつパウロがそのことを知っていた可能性も皆無《かいむ》ではない。そうであれば、彼らの活動はパウロとペトロとの緊張関係をさらに厳しいものにしたことであろう。しかし彼らの反パウロ的言動はペトロ自身の指示によるものではなく、むしろ彼の意に反して行われたものであったにちがいない。二人の使徒の間には、アンティオキアの衝突の深刻さにもかかわらず、福音の理解とそれぞれの使徒職に関して基本的に対立はなかったものと思われる（一八五頁）。

七　ローマ滞在

ローマにおけるペトロとパウロ　新約聖書によれば、アンティオキアの衝突以後ペトロとパウロが再び会うことはなかった。パウロが最後にローマに護送され（使徒二八・一六）、そこで殉教したときには（五九年頃）、ペトロもその大都市に滞在していた可能性はある（一九一頁）。しかしその都市における二人の使徒の再会を確認することはできない。

ところでエウセビオスによると、コリントの司教ディオニュシオスは、一七〇年頃ローマの教会に書き送った文書の中で、パウロとペトロがコリントでも「イタリアでも同じ所で一緒に教え、同じときに殉教した」（『教会史』二・二五・八。秦剛平訳）と述べている。だがこの主張は後の伝承に属するもので、史実から離れている。パウロはエルサレムで逮捕されたが、ローマ市民として単独で皇帝への上訴を希望し、ローマに護送された。たしかに彼はネロ帝の時代に処刑されたが、それは訴訟手続きを経てのことであり、後述するように（一九四頁以下）ペトロが殉教したと考えられるネロ帝の大迫害（六四年）のときの殺害とは異なる。

聖ペトロと聖パウロ
マゾリーノ（1383～1447年頃）。フィラデルフィア美術館

ペトロはいつローマへ

ローマの教会の成立事情は明らかでないが、エルサレムあるいはアンティオキアから来たユダヤ人キリスト者たち——おそらくヘレーニスタイ（一五四頁）——の伝道をとおしていくつかの家の教会が生まれたのであろう。もっともエイレナイオスはその主著『異端反《はん》駁《ばく》』（一八〇／八五年）の中でローマの教会を「最大にして最古、またすべての人々に知られ、最もはえある二人の使徒ペトロとパウロによってローマに創立され、設立された教会」と呼んでいる（三・三・二。小林稔訳）。しかしペトロもパウロもローマの教会の創立者ではない。パウロはローマでの宣教を切望していたが、それは彼がコリント滞在中に（五五頃～五六年頃）ローマの信徒への手紙を書いた時点ではまだ実現していなかった（ローマ一・八～一五、一五・二二～三三）。

　ローマへのペトロの来訪については、クラウディウス帝のユダヤ人追放令（使徒一八・二）に関するローマの伝記作家スエトニウスの『ローマ皇帝伝』（一二〇年頃）における短い記述が考慮されなければならない。「ユダヤ人は、クレストゥスの煽動《せんどう》により、年がら年中、騒動を起こしていたので、ローマから追放される」（五・二五。国原吉之助訳）。この騒動はローマ在住のユダヤ教徒とユダヤ人キリスト者の間で起きたものと考えられる。そうであれば、ローマにはすでに追放令が発布される（四九年）ずっと前に教会が創設され、追放令発布のときにはかなり多くのキリスト者がいたことになる。

エウセビオスはペトロがすでにクラウディウスの治世にローマに赴いて伝道したと報じているが（『教会史』二・一四・六）、これも確かではない。多分、ペトロがローマに来たのはローマからのユダヤ人の追放を命じたクラウディウス帝が死んだ（五四年一〇月一三日）後であろう。すると、ペトロのローマ滞在期間は長くてもその時からネロのキリスト教迫害の中での殉教（六四年）にいたるほぼ一〇年ということになろう。しかし、パウロがローマの信徒に手紙を書き送った五五～六年頃にも、ペトロはまだローマに来ていなかったようである。パウロはこの手紙の中でペトロについてまったく触れていないからである。もしその頃ペトロがローマの教会で指導的な役割を果たしていたとすれば、パウロは手紙の中で何らかの形で彼に言及したのではなかろうか。このように考えると、ペトロのローマ滞在は殉教にいたる彼の生涯の最後の数年間ということになろう。

ペトロの通訳マルコ

新約聖書ではペトロの手紙一の結尾の挨拶がペトロのローマ滞在を示唆しているだけであるが、後の教会の伝承はこの都における彼の伝道についてやや詳しく語っている。エウセビオスによると、ヒエラポリスの司教パピアスはその著『主の言葉の解釈』（一三〇年頃）の中で、マルコ福音書の起源について長老ヨハネと呼ばれる人物の言葉を次のように伝えている（『教会史』三・三九・一五）。

> マルコはペトロの通訳であった。そして、記憶していたことを注意深く書き記した。だが、主によって語られたことあるいは行われたことを順序正しく書き記したわけではない。すなわち、彼は主から聞かなかったし、主に従ったわけでもない。しかし、すでに述べたように、彼は後にペトロに従ったのである。この人は（聞く者たちの）必要に応じて彼の教えを説いた。しかし、主に関する報告をまとめようとはしなかった。したがってマルコは、記憶のままにいくつかのことを書き記したが、誤りは犯さなかった。実際、彼はひとつのことしか意図しなかったのである。聞いたことは何ひとつ省いたり偽ったりしないということである。

教会には早くから福音書をイエスの直弟子である使徒に帰し、その権威を高めようとする傾向があったので、使徒でないマルコという人物を著者とするパピアスあるいは長老ヨハネの証言にはむしろ信憑性《しんぴょうせい》がある、と考える学者は少なくない。しかしパピアスは、マルコ福音書を——間接的であっても——使徒ペトロの権威に結びつけることによって、その信頼性を擁護しようとしたのではなかろうか。マルコ福音書は——マタイ福音書あるいはルカ福音書に比べて——順序正しく記述していないという批判を特に念頭に置いて、彼はこの文章を書いたのであろう。ここでパピアスあるいは長老ヨハネはペトロの手紙一の結尾の挨拶に拠《よ》っているのかもしれない。そこには「わたしの子（＝ペトロの弟子）マルコ」が挨拶に加わっている。古来このマルコはエルサレムの出身でパウロとバルナバの助手としてパウロの第一回伝道旅行に同行したヨハネ＝マルコ（使徒一三・五。一二・一二、一五・三六〜四一。一八一頁）と同一視されてきたが、これも確定はできない。

後にエイレナイオス（三頁）は、ローマの教会を設立した「彼ら［ペトロとパウロ］の死後、ペトロの弟子・通訳であったマルコもペトロから宣べ伝えられたことを書物の形で、私たちに伝えた」と述べている（『異端反駁』三・一・一。小林稔訳）。一方エウセビオスは、マルコが福音書を書いたのはペトロの生前であったとする教会の伝承をアレクサンドリアのクレメンス（一五〇頃〜二一五年頃）の書『ヒュポテュポーセイス』から引用している（『教会史』六・一四・六）。マルコ福音書の著者をペトロの同伴者マルコとする伝承はほかにも殉教者ユスティノス（一〇〇頃〜一六五年）やテルトゥリアヌス（三頁）、オリゲネス（五四頁）の書物に見出される。しかし、これらは結局のところパピアスの言葉に基づくもので、独立した証言としての価値は認められない。たしかにマルコ福音書にはペトロに遡ると考えられ得る伝承が含まれている。しかしこの福音書に取り入れられているイエス伝承は、少なくとも現形においては、教会の諸活動の必要に応じて、そして時には伝承の担い手の社会的状況に即して、種々の形で個々別々に形づくられ、伝えられたものである。これらの多様な伝承を一人の人物に帰することは難しい。

第三章　殉教者として

一　ネロ帝の迫害

タキトゥスの記述

テルトゥリアヌスの『護教論』（一九七年頃）によると、ネロはキリスト者を迫害した最初の皇帝である（五・三）。古代ローマの歴史家タキトゥスは『年代記』（一一七年頃）の中でその迫害の経緯をローマの大火と関連づけている。六四年七月一九日の夜半、ローマの大競技場の一角からあがった火の手は、すさまじい勢いで燃え広がり、六日目にようやくおさまったが、その後また別の場所から発火した。その間にローマ一四区のうち元のままの姿で残ったのは四区だけで、三区が焦土と化し、七区がほぼ壊滅状態になってしまった（秀村欣二一二一～一二二頁）。

民衆は「ネロが大火を命じた」と信じて疑わなかった。そこでネロは、この風評をもみけそう

ネロ帝　国立ローマ博物館

として、身代りの被告をこしらえ、これに大変手のこんだ罰を加える。それは、日頃から忌まわしい行為で世人から恨み憎まれ、「クリストゥス信奉者」と呼ばれていた者たちである。この一派の呼び名の起因となったクリストゥスなる者は、ティベリウスの治世下に、元首属吏ポンティウス・ピラトゥスによって処刑されていた。その当座は、この有害きわまりない迷信も、一時鎮まっていたのだが、最近になってふたたび、この禍悪の発生地ユダヤにおいてのみならず、世界中からおぞましい破廉恥《はれんち》なものがことごとく流れ込んでもてはやされるこの都においてすら、猖獗《しょうけつ》をきわめていたのである。

そこでまず、信仰を告白している者が審問され、ついでその者らの情報に基づき、実におびただしい人が、放火の罪というよりむしろ人類敵視の罪と結びつけられたのである。彼らは殺されるとき、なぶりものにされた。すなわち、野獣の毛皮をかぶされ、犬に噛《か》み裂かれて倒れる。［あるいは十字架にしばりつけられ、あるいは燃えやすく仕組まれ、］そして日が落ちてから夜の灯火代りに燃やされたのである。ネロはこの見世物のため、カエサル家の庭園を提供し、そのうえ、戦車競技まで催《もよお》して、その間中、戦車馭者《ぎょしゃ》の装いで民衆のあいだを歩きまわったり、自分でも戦車を走らせたりした。そこで人々は、不憫《ふびん》の念をいだきだした。

なるほど彼らは罪人であり、どんなにむごたらしい懲罰にも価《あたい》する。しかし彼らが犠牲になったのは、国家の福祉のためではなく、ネロ一個人の残忍性を満足させるためであったように思われたからである（一五・四四。国原吉之助訳）。

ネロは実際に放火を命じたのかどうか、それはわからない。タキトゥスはそのことを民衆の間の風評として報じているだけである。われわれにとってさらに大きな問題は大火と迫害との関連である。タキトゥスと明らかに彼に依拠しているスルピキウス＝セウェルス『世界年代記』（四〇〇年頃）および新約聖書外典『セネカとパウロの往復書簡』（四世紀頃）を別にすれば、大火と迫害を関連づけている古代の文献は異教の側にもキリスト教の側にもない（保坂高殿　二六四頁）。

スエトニウスの記述

特に注目すべきはタキトゥスとほぼ同時代の同じくローマの歴史家スエトニウスの記述である。彼は『ローマ皇帝伝』（一二〇年頃）の中で大火について、ネロが「昔の古い醜悪《しゅうあく》な建物や狭く曲がりくねった通路が我慢ならないと言って、首都に火をつけたのだ」（六・三八）と述べ、さらに詳しく語っているが、ネロのキリスト者迫害に関しては、まったく別の文脈で「前代未聞の有害な迷信に囚われた人種であるクリスト信奉者に処罰が課せられた」（六・一六。いずれも国原吉之助訳）とごく短く報じているだけである。タキトゥスの記述に対してスエトニウスのそれが史実に近いとただちに断定することはできないが（弓削達　三〇六～三〇七頁）、タキトゥスは短期間に相前後して起きた大火と迫害という元来別々の二つの出来事を因果関係があるものとして関連づけたのかもしれない（保坂高殿　二七六頁以下）。

人類敵視と有害な迷信

いずれにせよ、ネロによるキリスト教迫害は疑い得ない事実である。その不当性と残忍性はタキトゥスのような反キリスト教的な歴史家も認めざるを得ない。このような迫害はなぜ起こり得たのか。迫害との関連でタキトゥスが「人類敵視の罪」と「有害きわまりない迷信」に言及し、スエトニウスもキリスト者を「前代未聞の有害な迷信に囚われている人種」としている。

「人類敵視」とは、キリスト者がローマの神々やその神々と結びついている異教社会の伝統・慣習を拒否したことを指すのであろう。古代ローマでキリスト者が無神論者として非難されたのも、基本的にはそのためであったと思われる。「ローマ帝国という世界共同体の紐帯《ちゅうたい》的役割を果たしたローマの神々」（荒井献「初期キリスト教におけるいわゆる『無神論者』とその思想について」四四頁）の拒否は、その巨大な政治共同体の精神的基盤を危うくする。

さらに、タキトゥスやスエトニウスと同じ時代にビティニアの総督であったプリニウスが一一二年頃トラヤヌス帝（在位九八～一一七年）に書き送った『書簡』は、キリスト者が皇帝の像や神々の像を拝まないことが迫害の大きな理由であったことを示している（一〇・九六）。

右に述べたような宗教的異質性のゆえにキリスト教は「有害な迷信」とも呼ばれたが、この非難は反社会的行為を強く示唆《しさ》している。プリニウスの書簡から、キリスト者について近親相姦や集会における人肉嗜食《ししょく》のような悪意のこもった非難が民衆の間に広がっていたことを窺《うかが》い知ることができる。信仰上の「兄弟姉妹」としてのキリスト者同士の結婚が近親相姦、聖餐式におけるパンと葡萄酒の受領が人肉嗜食と曲解されたのであろう。それから数十年後に書かれたアフリカ出身の哲学者・修辞学者アプレイウスの『黄金のろば』（二世紀半ば）には、「神の御名をないがしろにして踏みにじり、国家の定めた宗教の代わりに神は一つしかないと宣言して憚《はばか》らず、罰当りにもいかさまの儀式を行なって……年中淫《みだ》らな生活に溺《おぼ》れて」（九・一四。呉茂一・国原吉之助訳）いた女性が描かれているが、これも当時の社会における悪意のこもったキリスト者像の一つであろう（島創平　五六頁）。

二世紀の文献に見られるこの種のキリスト教攻撃がすでにネロの時代のローマで行われていたかどうかは定かでない。いずれにせよネロのキリスト教迫害においては皇帝礼拝の拒否はまだ問題になっていなかったが（二〇頁。島創平　五二頁以下）、異教の神々とその慣習を拒否するなど、ギリシア・ローマの文化と社会に異質なキリスト教が、すでにその時代の異教社会で一般に憎悪の対象となり、キリスト者に対して不当な非難が浴びせられていたことは想像に難くない。

二　殉教についての教会伝承

古くから教会の伝承は、ペトロがローマでネロ帝の迫害の中で殉教したことを暗示的にあるいは明示的に伝えている。それらの伝承について短く検討しよう。

ペトロの手紙一

ペトロの手紙一の成立年代を確定することは難しいが、この書物で前提されている迫害がローマ皇帝による組織的な迫害であるならば、それはドミティアヌス帝の治世（八一～九六年）ということになる（二一〇頁、二四〇頁）。結尾の挨拶によれば、手紙の執筆場所はバビロンである（五・一三）。バビロンはユダヤ人にとって屈辱的な捕囚《ほしゅう》の地であった。その都は彼らの間では神に敵対するこの世の権力の象徴となり、新約聖書時代にはローマの別名ともされていた。「倒れた。大バビロン（＝ローマ）が倒れた」（ヨハネ黙示録一四・八、一七・五）。ペトロの手紙一においても、バビロンは象徴的にローマを意味していると考えてよい。著者はペトロがローマに滞在したという伝承に依拠して結尾の挨拶を書いたのであろう。

しかもこの手紙でペトロは「キリストの受難の証人、やがて現れる栄光にあずかる者」とされている（五・一）。「キリストの受難の証人」という表現は、彼がキリストの受難の目撃者・宣教者であるだけではなく、みずからの苦難をとおしてキリストの受難にあずかる者でもあることをも意味する。彼はそのことによって再臨のキリストの栄光にもあずかるのである（四・一三）。そうであれば、すでに九〇年代に、この手紙の著者はローマにおけるペトロの殉教を伝える伝承を知っていた可能性がある。

ヨハネ黙示録

この問題との関連で、同じくドミティアヌス帝の時代に、エーゲ海の小島パトモス島（エフェソの南西約九〇キロメートル）で書かれたヨハネ黙示録に登場する「二人の証人」にも触れておかなければならない（一一・三〜一三）。二人は二本のオリーブの木、二つの燭台として表されている。彼らは天を閉じて雨が降らないようにする力や、水を血に変える力を持ち、口から出る火をもって敵対者を滅ぼす。千二百六十日の間預言をするが、その後、底なしの淵から上って来た一匹の獣に打ち負かされて殺され、その死体は彼らの主が十字架につけられた大いなる都の大通りに放置される。しかし三日半たって神から命の息を与えられると立ち上がり、雲に乗って天に昇る。

この二人の描写はたしかにモーセ（出エジプト記七・一七〜一九、民数記一六・三五）とエリヤ（列王記上一七・一、列王記下一・一〇、一二）を思い起こさせる。二人の証人がここでだれを指しているかは議論のあるところであるが、彼らをペトロおよびパウロと同一視する試みがなされている。

二人の使徒は獣によって表されているネロ帝の迫害のときにローマで殉教した、というのである。しかしこの同一視には無理がある。二人の殉教の場所である「大いなる都」はここではローマではなく、「主が十字架につけられた」エルサレムである。むしろヨハネ黙示録の著者は二人の証人を教会の象徴としているのではなかろうか。教会は敵対者と戦った後に反神的な力に打ち負かされるが、最後に神の勝利と祝福にあずかる。二人を表す二本のオリーブの木と二つの燭台もこの見方を支持する。二本のオリーブの木はゼカリヤ書四・一四で政治的指導者ゼルバベルと大祭司ヨシュアを表していると考えられるので、ヨハネ黙示録ではキリストによって「王国、祭司たち」（一・六、五・一〇）とされた信徒たちすなわち教会を象徴していると解することができる。二つの燭台がヨハネ黙示録一・二〇で教会の象徴とされていることにも注意すべきである（佐竹明『ヨハネ黙示録』下　四二頁以下）。

ヨハネ福音書の補遺　ヨハネ福音書の補遺（二一章）で復活のイエスはペトロに言う。

> はっきり言っておく。あなたは、若いときは、自分で帯を締めて、行きたいところへ行っていた。しかし、年をとると、両手を伸ばして、他の人に帯を締められ、行きたくない所へ連れて行かれる（二一・一八）。

元来この言葉は老人の無力を言う諺《ことわざ》であったかもしれない。しかしここでは、「ペトロがどのような死に方で、神の栄光を現すようになるかを示そうとして、イエスはこう言われたのである」（二一・一九）と説明されている。「両手を伸ばす」という言い回し自体はかならずしも十字架刑を指すものではないが、その可能性は小さくない。それについてはいくつもの例証がある。例えば『バルナバの手紙』（一三五年頃？）はイザヤ書六五・二の「わたしの両手を差し伸べた」という表現を十字架刑を予示するものと見なし（一二・四）、出エジプト記一七・一一における両手を伸ばすモーセの動作をも同じように解釈している（一二・二）。

ヨハネ福音書によれば、イエスの十字架の死は神の栄光を現す死であるが（一三・三一～三二、一七・一～五）、ペトロの殉教も同様である。キリストの弟子として最後まで苦難に耐えて彼に従い、そのためには命をも惜しまぬ殉教は、神の栄光を現す。しかしヨハネ福音書二一章では殉教の場所はまったく示されていない。

ローマのクレメンスの手紙　これに対して、ローマの司教クレメンスが九六年頃にコリントのキリスト者に書き送った手紙（『クレメンスの手紙一』）は、ペトロの殉教の地がローマであったことを暗示している。著者は嫉妬《しっと》をとおして死が世に入って来たと言い、旧約聖書からその例をいくつか挙げた後、次のように述べる。

> 嫉妬と羨望《せんぼう》のために、教会の最も偉大な、また最も義《ただ》しい柱であった人々は、迫害され、死に至るまでよく戦ったのだ。立派な使徒たちを我らの眼の前に思い浮べてみよう。ペテロ、この人は不正な嫉妬のゆえに、一度二度ならず幾多の苦難を忍び耐え、こうして証《あかし》を立てた上で、彼に相応《ふさわ》しい栄光の場所へと赴いた（五・二～四。小河陽訳）。

　ここで言われている「教会の柱」を「ヤコブ、ケファ、ヨハネ」（ガラテヤ二・九）に限定する必要はない。著者は殉教の死を遂げた教会のおもだった指導者たちを念頭に置いているのだろう。そして彼らを代表する「立派な使徒たち」としてペトロのほかにパウロの名前も挙げている（五・五～七）。「迫害され、死にいたるまでよく戦った」、「証を立てた上で、彼にふさわしい栄光の場所へと赴いた」という表現はもちろん殉教を連想させる。

　そのすぐ後で著者は、「聖なる歩みをなしたこれらの人たちに、大多数の選ばれた人たちが共に加わった。これらの人たちは、嫉妬のゆえに様々の虐待と責苦《せめく》を受け、私たちの間で最も美しい範をたれた」（六・一。小河陽訳）と述べ、続いて婦人たちに対する残酷な処刑についても報じている（六・二）。キリスト者に加えられたこのような大迫害は、ペトロやパウロの時代には、ネロ帝の迫害以外には知られていない。「私たちの間で」という語句もローマを指し示している。

　ここで言及されている嫉妬と羨望の詳細は明らかでない。おそらくローマ官憲への通報や密告が考えられているのであろうが、それがキリスト教に反感を抱く非キリスト者によるものか、それともキリスト教内部で対立している者たちによるものか、確かなことは分からない。

『預言者イザヤの殉教と昇天』

ペトロの殉教の地との関連で、『預言者イザヤの殉教と昇天』の記述も興味深い。

> それ［＝この世］が完成されると、大いなる君にしてこの世の王たるベリアルがおりて来る。彼はそれ（この世）ができたとき以来これを治めてきたのであるが、その彼が人間、不法の王、自分の母の殺害者――この王はそういう者なのである――の姿をとって彼の大空から降りてくる。彼は愛せられる者の十二使徒が植えた樹を迫害する。十二人のうちのひとりは彼の手に渡されるであろう（四・二～三。村岡崇光訳）。

「自分の母の殺害者」である「不法の王」とはネロである。タキトゥスはこの暴君による母アグリッピナの殺害について詳しく書いている（『年代記』一四・八）。「愛せられる者」すなわち神に愛せられる子であるメシアの「十二使徒が植えた樹」は教会を指すと考えてよい。そうであれば、十二使徒の一人で「彼の手に渡されるであろう者」はペトロである可能性が最も高い。

このように黙示文学的な預言の形でネロの迫害を伝えるこの章節は、一世紀後半（?）に成立したユダヤ教文書『イザヤの殉教』（一〜五章）に後から加えられたキリスト教的加筆に属するものと考えられる。その年代はおおよそ一〇〇年頃であろう。

『ペトロ黙示録』

二世紀前半のものと推定される『ペトロ黙示録』も、一つのパピルス断片によると、ローマにおけるペトロの殉教を預言している。

> 見よ、ペトロ、わたしはあなたにすべてのことを啓示し、詳しく説明した。だから、西（あるいは売春）の都に行け。そして、わたしがあなたに約束した杯をハデス（陰府《よみ》）にいる者の息子の手から受けて飲め。それは彼の滅びが始まり、あなたが約束に値する者となるためである（R. Pesch, S. 121）。

ここで「西（あるいは売春）の都」はローマ（ヨハネ黙示録一七・五）、「杯」は殉教（マルコ一〇・三八）、「ハデスにいる者の息子」は反キリストとしてのネロを指している。ペトロの殉教は反キリストの滅びの始まり（第二テサロニケ二・三、八）を意味する。

イグナティオスの手紙

トラヤヌス帝治下（九八～一一七年）の迫害の時に、シリアのアンティオキアの司教イグナティオスは、逮捕されてローマに護送され、円形競技場で野獣と闘う刑に処せられたが、その途中、小アジアのスミルナ（現在のイズミール）から書き送った『ローマのキリスト者へ』（一一〇年頃）の手紙の中で、次のように述べている。

> こういう道具（獣）によって私が神への犠牲とされるよう、私のためキリストに願って下さい。私はペテロやパウロのようにあなた方に命じているのではありません。彼等は使徒、私は断罪された者です。彼等は自由であり、私は今に到るまで奴隷なのです。でももし私が受難すれば、私はイエス・キリストの自由人となり、彼にあって自由人として甦《よみがえ》るでしょう（四・二～三。八木誠一訳）。

イグナティオスは他の教会への手紙では「私は囚人であり、使徒のようにあなた方に命令するにふさわしいとは思っていません」（『トラレスのキリスト者へ』三・三）、「私はなにか偉い人のようにあなた方に命令しているのではありません」（『エフェソのキリスト者へ』三・一。いずれも八木誠一訳）というように一般的な言い方をしているが、『ローマのキリスト者へ』の手紙では「ペトロやパウロのようにあなた方に命じているのではありません」と言っている。それはペトロとパウロがかつてローマに滞在し、その教会と重要な関係にあったことを彼が知っていたからであろう。彼はまたローマにおけるペトロとパウロの殉教をも知っていたようである。今はまだペトロやパウロのような自由人でないイグナティオスは、この二人の使徒のように受難すなわち殉教をとおして自由人となることを願っているのである。

ペトロの手紙二

新約聖書諸文書の中で成立年代が最も遅いペトロの手紙二（二世紀半ば）はいわば使徒の遺言として書かれている。彼は殉教の死が迫っていることを自覚している。

> わたしは、自分がこの体を仮の宿としている間、あなたがたにこれらのことを思い出させて、奮起させるべきだと考えています。わたしたちの主イエス・キリストが示してくださったように、自分がこの仮の宿を間もなく離れなければならないことを、わたしはよく承知しているからです」（一・一三〜一四）。

「わたしたちの主イエス・キリストが示してくださったように」という語句は、ペトロの十字架刑を強く暗示するヨハネ二一・一八のようなイエスの言葉の伝承（二〇二頁）に基づいている。ここではペトロの殉教の場所は言及されていない。しかし著者は、ペトロの手紙一を知っていたとすれば（三・一）、その場所がローマであることを前提としていることになろう（二〇〇頁）。

二世紀半ばまでの諸文書

右に挙げた二世紀半ばまでの教会の諸文書はいずれもネロの迫害の中でのペトロの殉教を直接的に明示してはいない。しかし彼が殉教の死を遂げたことは間違いない（ヨハネ福音書補遺、『クレメンスの手紙一』）。さらにそれがローマにおける（ペトロの手紙一、イグナティオス『ローマのキリスト者へ』）、ネロの迫害のとき（『クレメンスの手紙一』、『預言者イザヤの殉教と昇天』、『ペトロ黙示録』）の出来事であったことも、多様な仕方で示唆されている。なかでも『クレメンスの手紙一』は六四年のローマの大火からほぼ三二年後に書かれている。ペトロの手紙一はこの書の数年前にすでに成立していた可能性がある。これらのことから、ペトロがローマでネロの迫害の中で——大火との関連についてはなお疑問が残るものの——殉教したということはかなり早い時期から語り伝えられていた、と推測することができる。ペトロの殉教を他の場所や状況と結びつけている伝承がないことも、ここで考慮されなければならない。

なお、ラテン語聖書『ヴルガタ』の翻訳などで知られる古代教会の偉大な聖書学者ヒエロニムス（三四〇／五〇～四一九／二〇）が三九二年頃にラテン語に訳したエウセビオスの『年代記』は、ペトロの殉教の時をネロの在位一四年目（六七年一〇月一三日～六八年六月九日）とし、その罪に対してただちに正当な罰が下されたと述べている。しかしこれは伝承の発展を示すものであろう。

三　クオ・ヴァディス

『ペトロ行伝』の記事

一八〇年代にローマあるいは小アジアで成立したと推定される『ペトロ行伝』には、ネロ帝の時代におけるこの使徒の殉教が詳しく語られている。ここでペトロは多くの病人を癒す奇跡行為者として登場するが、とりわけ詳しく語られているのはペトロと魔術師シモン（使徒八・九〜二四）との対決である。魔術師は、空中を飛んで神のもとに昇り、それによって自分が「神の大能」（使徒八・一〇）であることを証明してみせるとローマ市民に公言し、群集の眼前で飛翔するが、ペトロの祈りによって空から転落して骨折してしまう。そして、ある者たちが夜間に彼を担架に乗せてローマから運び出す（三一〜三二章）。

この勝利によってペトロの人気はますます高まり、大勢の人々がキリスト教に回心する。その中には長官の妾《めかけ》たちや皇帝の友人の妻など、美しい女性たちの姿もあった。彼女たちも他の多くの女性たちも純潔を勧めるペトロの説教に心を惹《ひ》かれ、夫から身を遠ざけたので、ローマに大騒動が持ち上がった。皇帝の友人と長官はペトロを殺して復讐することを企《たくら》む。身に危険が迫ったとき、ペトロは信徒たちに説得され、生き長らえて他の地で伝道し、なお主に仕えるために、変装して一人でローマを去ろうとする。

そして彼が（市の）門まで来た時、主がローマにはいって来られるのを見ました。ペテロは主を見て、「主よ、ここからどこへ（行かれるのですか）」と尋ねました。主は彼に答えられました、「わたしは十字架にかけられるためにローマにはいって行く」。そこでペテロは主に言いました、「主よ、ふたたび十字架につけられるおつもりなのですか」。主は彼に答えられました、「そうだ、ペテロ、わたしはふたたび十字架につけられるのだ」。その（答えを聞いた）時、ペテロはわれに帰って、主が天に昇ってゆかれるのを見ました。そして彼は大喜びで、主を讃美しつつローマに舞い戻りました。なぜなら「わたしは十字架につけられる」と彼ご自身が語られたからです。そのことはペテロに起こるべきはずであったことでしたから。そこでふたたび兄弟たちのもとに戻って、彼の（身）に現わされたことを彼らに語りました。しかし彼らは心を悲しませ、涙を流して、「ペテロさん、（そんなことをしないように）あなたに切にお願いします。わたしたち幼い者らのこともお考えください」と言いました。ペテロは、「もしこれが主の御心でしたら、たとえわたしたちがいやがっても、それは起こるはずです」と彼らに言いました。「あなたたちについては、主が（ご自身で）彼を信仰するように強めてくださることができるのですし……」（三五～三六章。小河陽訳）。

聖ペトロと聖パウロの殉教　15世紀の写本。フィレンツェ、ビブリオテーカ-ラウレンティアーナ

この後すぐにペトロは四人の兵士によって逮捕され、長官アグリッパの命令によって十字架につけられる。使徒の望みどおり「頭を下にして」。この形の処刑を望んだ理由を彼は十字架上の説教で説明する。それは頭をまっさかさまにして堕落した最初の人間によって惹き起こされたすべてのものの転倒した状態を表し、また、十字架の垂直の木は神的な言葉としてのキリストの神性、横木は両手をひろげて十字架につけられたキリストの人間的性質、垂直の木と横木を固定している釘は悔い改めを表す、という。その説教は内的な霊の声によるイエスへの感謝をもって結ばれる。最後に、ペトロが神に栄光を帰し、神を讃美すると、そこにいあわせた群衆が大声で「アーメン」と叫ぶ。彼は祝福のうちに息を引き取る。他方ネロは、キリスト者から手を引けとの声を夜の幻の中で聞き、ペトロが命を取られたそのときから迫害を止めたという（三六～四一章）。ローマの大火は言及されていない。

小説『クオ・ヴァディス』　『ペトロ行伝』の中でローマから逃亡しようとするペトロが市の門で出会ったイエスに問いかけた「どこへ行かれるのですか」（ラテン語「クオ・ヴァディス」）という言葉は、当時のローマを舞台とするポーランドの作家ヘンリク＝シェンキェーヴィチの有名な歴史小説（一八九六年）の書名に現れる。この作品では、少年ナザリウスを伴ってローマから脱出しようとするペトロが、日の光の中に現れたキリストに、むせび泣きながら「クオ・ワディス・ドミネ？　（ラテン語。『主よ、どこへ行かれるのですか』の意味）……」と尋ねる。そして、「おまえがわたしの民を捨てるなら、わたしはローマに行ってもう一度十字架にかかろう」というキリストの声を聞き、「身動きもせず、一語も発せずに、顔をほこりの中に埋めたまま地面にひれ伏していた」使徒は、「やがて起き上がって、ふるえる手で巡礼の杖を取り上げ、ひとことも言わずに七つの丘の都のほうへ向き直った。少年はこれを見るとこだまのように使徒の言葉をくりかえした。『クオ・ワディス・ドミネ？　……』『ローマへ』使徒は小声で答えた。そして引き返した」（木村彰一訳『クオ・ワディス』（下）　二六六〜二六七頁）。宗教的・文学的に豊かに潤色されながらペトロ伝説は語り伝えられる。

四　墓

ペトロの葬り

ペトロがネロの迫害によってローマで殉教したとすれば、彼はローマのどこかに、おそらく処刑場とされるバチカンの丘に、埋葬されたと先ず考えられよう。古くから教会はそのように信じ、そのように伝えてきた。一九三九年、バチカンのサン‐ピエトロ大聖堂の地下で教皇ピウス一一世の墓を造る工事が行われた際に、古代ローマの墓地（ネクロポリス）の一部が発見された。その後、一〇年におよぶ考古学的発掘調査を経《へ》、教皇ピウス一二世は一九五〇年のクリスマス‐メッセージで、そこに「使徒たちの長（ペトロ）の墓が発見された」と世界に公表した（石鍋真澄　二一頁）。だがそこにペトロの墓が実際にあったのだろうか。この問題についてはこれまで研究者の間で多くの議論が戦わされてきたが、いまだ意見の一致を見るにいたっていない。

われわれはペトロの殉教と埋葬の様子について確かな情報を持っていない。彼はひとりで処刑され、葬られたのだろうか。『ペトロ行伝』は、十字架刑に処せられたペトロの遺体を、この使徒によって信仰に導かれた元老院議員マルケルスが自分の手で十字架から降ろし、自分の墓に丁重に葬ったと伝えている（四〇章）。だがこれはアリマタヤ出身のヨセフという金持ちによるイエスの埋葬（マタイ二七・五七〜六〇）を模した伝説である。ペトロがタキトゥスの報じるネロ帝の迫害の中で殺されたとすれば、その遺体は通常の慣《なら》わしに従って葬られただろうか。彼も他の大勢のキリスト者と共に十字架に縛りつけられて燃やされたかもしれない（一九五頁）。あるいは、マルクス＝アウレリウス帝（在位一六一～一八〇年）の時代にリヨンの殉教者たちの遺体が六日の間野外にさらされ、あらゆる陵辱《りょうじょく》を受けた後に焼かれて灰にされ、埋葬を許されず、ローヌ川に投げ棄《す》てられたと伝えられているが（エウセビオス『教会史』五・一・六二）、このようなことがすでにペトロにも起こった可能性は皆無《かいむ》ではなかろう。彼の遺体もそのように扱われ、灰はティベル川に投げ棄てられてしまったかもしれない。あるいはまた、多くの処刑者の遺体と一緒に一つの共同の墓穴に埋められたということも考えられないことではない。その場合、激しい大迫害の中で、ローマのキリスト者はペトロの遺体を探し出し、別の墓に丁重に葬ることができただろうか。

ペトロのトロパイオン

ペトロの墓に関する最古の文献上の証言はエウセビオスの『教会史』の中に見出される（二・二五・七）。ここで著者は、ペトロとパウロがネロ帝の時代にローマで殉教したことを裏づける証拠として、その地の墓に二人の名前が「今日も」残っていることを挙げ、さらに小アジア・フリギアの異端的指導者プロクロスに対するローマの教会著作家ガイウスの論争的文書『対話』の一節を引用している。三世紀初めに起源すると思われるこの文書の中で、ガイウスはバチカンとオスチア街道にローマ教会の創設者たち（ペトロとパウロ）のトロパイア（トロパイオンの複数形）があると言っている。

　トロパイオンというギリシア語は、トロウフィの語源になっているように、字義的には勝利の記念物、戦勝記念地を指すが、殉教を信仰の勝利と見なす古代キリスト教の理解によれば（例えばヨハネ黙示録二・一一）、殉教の地の意味に取ることもできる。文脈から見ると、ここでエウセビオスはこの語を墓の意味に用いている。というのは、この引用のすぐ前で、彼は「使徒たち［パウロとペトロ］の聖なる遺体（スケノーマ）の安置された場所」（『教会史』二・二五・六。秦剛平訳）について述べているからである。このことはガイウス自身についても言える。つまり『教会史』三・三一・四によると、プロクロスは、ガイウスとの論争の中で、小アジアのヒエラポリスにある福音宣教者フィリポと預言者であった彼の四人の娘（使徒二一・九）の墓に言及している。これに対してガイウスはローマにあるペトロとパウロの墓（トロパイア）を指し示したものと考えられる。そうであれば、すでにガイウス以前の時代すなわち二世紀には、一般に、バチカン地域とオスチア街道のトロパイオンがそれぞれペトロの墓、パウロの墓と見なされていたと推定することができるかもしれない。

　ローマにおけるペトロの墓との関連でテルトゥリアヌスの『貞節について』（二一七／二二二年）二一章にも言及しなければならない。ここでテルトゥリアヌスは姦淫《かんいん》の罪も悔い改めれば赦《ゆる》されるというローマの司教カリストゥスの見解に反対し、キリストがペトロにのみ授けたつなぐ権能と解く

旧サン-ピエトロ大聖堂　ヘームスケルクによるデッサン、1533年

権能に関する言葉（一一四頁以下）を、カリストゥスは自分に、すなわち「ペトロに近い全教会に」（ad omnen ecclesiam Petri propinquam）当てはめている、と反論する。「ペトロに近い」という語句は、関係的意味（「親近の」J. Gnilka, S.257）ではなく純粋に場所的意味にとるならば、「ペトロの墓の近くに」と解釈することができる（O・クルマン『ペテロ』一四四～一四五頁）。すると、ここではペトロの墓がローマにおける彼の処刑地あるいはその近辺にあることが前提されていることになろう。

バチカンのネクロポリス　それからおよそ一〇〇年後、コンスタンティヌス大帝（在位三〇六～三三七年）は、バチカンの丘の斜面にかかるネクロポリスの上にペトロを記念する大聖堂（旧サン‐ピエトロ大聖堂）を建設した。おそらく三一九年頃に着工され、三五〇年頃に完成したと考えられている。そのネクロポリスは二、三世紀に造られた非キリスト教徒の墓地であったが、少数のキリスト者も葬られていた。大聖堂は長さ八五メートル、幅六五メートル、高さ三四メートルの実に壮大なバシリカであった。コンスタンティヌス大帝はそれを建てるためにネクロポリスを埋め立てたのである。バチカンの丘にかかる斜面を平らに整地して大きな建物を建てることは難工事であったにちがいない。大帝は墳墓の冒瀆を禁じるローマの法律に反してまでそれを敢行したが、それは彼がバチカンのペトロのトロパイオンの上に大聖堂を建立しようとしたからであろう（石鍋真澄 二五～二七頁）。大帝はそのトロパイオンがペトロの墓であることを当時のローマのキリスト者と共に確信していたのである。現在のサン・ピエトロ大聖堂は、このバシリカを取り壊し、その上に建立されたものである。一五〇六年に基礎が据えられ、一二〇年の年月を経て、一六二六年に献堂された。

それゆえ、この大聖堂地下のネクロポリスで発見された石柱記念碑がガイウスの言うペトロのトロパイオンであった可能性は小さくない。しかしそのトロパイオンが果たして実際にペトロの墓であったかどうかについてはなお疑問が残る。ペトロの殉教とガイウスの証言との間には百数十年の年月が流れている。そして、前述したように、ペトロの埋葬自体について確かなことはもはや何も分からないのである。

補遺　新約聖書諸文書のペトロ像

史的ペトロの主要史料である新約聖書諸文書のペトロ描写には、この使徒の実像とそれぞれの著者あるいはその背後にある伝承のペトロ像が混在している。ペトロの実像と新約聖書著者たちのペトロ像を截然《せつぜん》と分けることは難しいが、第二部では、主として新約聖書諸文書の検討をとおして、史的ペトロに迫ることを試みた。それに対してここでは、新約聖書の著者たち自身に焦点を移し、彼らがそれぞれの立場から種々の伝承を用いて描くペトロ像の特色を概観することにする。

一　マルコ福音書

福音の逆説

マルコはイエスの伝道活動の最初に四人の弟子の召命を置き、ガリラヤにおける復活のイエスと弟子たちの再会に言及して筆を擱《お》く。この福音書著者にとって、弟子たちのいないイエスの活動は考えられない。その弟子たちの間でペトロはひときわ目立つ存在である。彼は弟子たちの中で最初に現れ（一・一六）、また最後に現れる（一六・七）。彼はイエスの最初の弟子、弟子たちの筆頭・代弁者である（八七頁以下）。しかし同時に、マルコはペトロをはじめとする弟子たちの無理解を前景に打ち出している（八九頁以下）。これによって福音書著者は、十字架における神の子イエスの刑死という福音の逆説と衝撃性を強調する。イエスに従い、イエスから特別に教えを受けている弟子たちでさえ、「多くの人の身代金として自分の命を献げるために」（一〇・四五）十字架への道を歩むメシア、神の子を理解できず、ついに彼につまずいてしまう。とりわけペトロはイエスの受難予告に異議を唱えるが、それはサタン的な思いにほかならない（九四頁）。

読者への警告と励まし

ペトロをはじめとする弟子たちのつまずきは、神の子の十字架刑という福音の逆説のゆえのつまずきであるだけでなく、迫害や艱難《かんなん》のゆえのつまずきでもある。弟子たちの逃亡とペトロの否認に表されているつまずきは、迫害の嵐の中で信仰の危機に直面する福音書の読者への警告を含意する。「石だらけで土の少ない所」に落ちた種のようになってはならない。それは「御言葉を聞くとすぐ喜んで受け入れるが、……後で御言葉のために艱難や迫害が起こると、すぐにつまずいてしまう」（四・一七）人たちである。

マルコはこの状況の中で読者にイエスへの随従を強く訴える（八・三四〜三八）。随従を伴わない信仰告白は真の告白とは言えない（一〇七頁）。しかし読者は、復活のイエスがペトロと他の弟子たちを見捨てずに使徒として立てたことを知っている（一四・二七〜二八、一六・七）。イエスに従う者たちは、深い傷を負っても、つまずいても、イエスの愛によって信仰に生かされる。ペトロをはじめ、弟子たちはその典型である。彼らのつまずきの傷は迫害や艱難と戦わねばならぬ読者に大きな励ましを与える。それはイエスの愛の大きな力を読者に確信させるからである。

二　マタイ福音書

無比なる地位と役割

マタイはいくつかの場面でマルコ福音書におけるペトロへの言及を省いているが（九・一八〜二六、二一・二〇、二八・七他）、これはペトロの役割に対する評価の低下を意味するものではない。この福音書を全体的に見れば、むしろその逆である。マルコ三・一六の十二人のリストにおけるペトロの名前に、マタイは「プロートス」すなわち「第一の者」という語を付加する（一〇・二）。それはペトロが最初の弟子である（四・一八）というだけの意味ではなく、弟子の筆頭としての彼の無比なる地位と役割を指し示す。

マルコ福音書におけるように、最初の弟子ペトロはある時は弟子たちを代表し（一六・一六、一九・二七）、またある時はイエスに特に近い三人（一七・四、二六・四〇）を代表する。しかしそれだけではない。祭儀的な浄と不浄という教会にとって重要な問題（一五九頁、一七四頁以下）に関する譬《たと》えの説明をイエスに求めるのは、弟子たち（マルコ七・一七）ではなく、ペトロだけである（マタイ一五・一五）。キリスト者の間で罪をどこまで赦《ゆる》すべきかという、教会の現実問題についてもそうである。この質問に答えて、イエスは仲間を赦さない家来の譬えをペトロだけに語る（一八・二一〜三五。ルカ一七・四と比較）。ここでペトロは、教会が日常的に直面する問題についてイエスに問い、イエスから特別に教えを受け、その教えを他の弟子たちに伝える伝達者である。彼はイエスと弟子たちの間に立つ。

　神殿税に関するマタイ特有の記事（一七・二四〜二七）では、税を徴収する者たちは神殿税に対するイエスの態度についてイエス自身にではなくペトロに尋ね、ペトロはイエスに代わってその問いに答える。このことは「ペテロがイエスの意志の真の解説者として通用している教会の状況に即している」（E・シュヴァイツァー『マタイによる福音書』四八五頁）。さらにペトロはイエスからこの問題について特別に教えを受ける。神の子イエスとその弟子たちには神殿税の義務はないはずであるが、ユダヤ人をつまずかせないために、ペトロは湖で釣りをして最初に釣れた魚の口の中に見つける銀貨をイエスと自分の分として納めるべきであると。このようにペトロは弟子たちの中でイエスと最も密接に結びつけられている。すでに述べたように（一〇七頁以下）、マタイだけが、イエスを「メシア、生ける神の子」と告白するペトロに対するイエスの祝福と権能授与の言葉を伝えている（一六・一六〜一九）。ここでペトロはイエスから無比の教会的な地位と権能を与えられる。

湖面を歩くキリスト　沈みかけ、助けを求めるペトロに手を伸ばす。
ルンゲ、1806年。ハンブルク美術館

「主よ、助けてください」　それにもかかわらずマタイは、ペトロの弱さや無理解に関する伝承を除去してしまうことはなく、むしろ時にはマルコ以上にそれを強調する。イエスから最初の受難予告を聞いて師をいさめ始めるペトロに対するイエスの叱責《しっせき》の言葉をマルコから取り入れる際に、マタイはマルコ本文に「あなたはわたしの邪魔をする者」（直訳「あなたはわたしのつまずき」）という語を加えている（一六・二三）。大祭司の屋敷の中庭でペトロはすでに二度目の否認の際に「誓って」イエスを知らないと言ってしまう（二六・七二）。マタイの特有記事であるペトロの湖上歩行のエピソードも、彼の信仰の弱さを印象的に描き出す（一四・二八〜三一）。彼はイエスの許しを得、湖上を歩いてイエスのもとに行こうとするが、強風に気づいて怖くなり、沈みかけ、「主よ、助けてください」と叫び声をあげる。イエスはすぐに手を伸ばして彼を助け、「信仰の薄い者よ、なぜ疑ったのか」と叱るのである。言うまでもなくペトロは、「よこしまな時代の者たち」とは異なり、「信仰のない者」（アピストス。一七・一七）ではない。だが、「信仰の薄い者」（オリゴピストス）として批判されている。この語はマタイ福音書に特色的な言葉であって、新約聖書では、ルカ一二・二八（＝マタイ六・三〇）を別にすれば、マタイ福音書に四回見られるだけである。それはイエスに従う者が陥《おちい》る不安と恐怖（八・二六）、衣食についての思い煩《わずら》い（六・三〇、一六・八）、疑い（一四・三一）など、不完全な信仰の状態を指す。

　イエスを信じながらも湖上で強い風に気づいて怖れを抱くペトロのエピソードは、イエスの弟子、教会の使徒として歩むペトロの生の現実をよく描き出している。それはまた、おおかたのキリスト者の姿でもある。イエスの助けの手がなければ、この世の嵐の中で滅びるほかはない。それゆえペトロは、イエスが共にいて彼を助けるかぎりにおいて、弟子たちの第一人者、教会の土台として、大きな役割をまっとうし得る。伝道に派遣される弟子たちも同様である。マタイは「わたしは世の終わりまで、いつもあなたがたと共にいる」という弟子たちに対する復活のイエスの約束をもって福音書を結んでいる（二八・二〇）。

三　ルカ福音書

罪の告白

ルカもマルコやマタイと同様にペトロを最初の弟子、弟子たちの代弁者としている。しかし、マタイと較べて、ルカはマルコのペトロ描写にかなり変更を加えている。ペトロは、カファルナウムにおけるイエスの説教と治癒奇跡、悪霊追放（四・三一〜四一）に接した後、奇跡的な大漁をとおしてイエスに神的な「聖なるもの」を感じとり、自分が罪深い人間であることを告白する（五・八。イザヤ書六・五参照）。そのペトロをイエスは受容し、伝道者とする。ルカ特有のこの記事は、同じくルカの特有記事である「ファリサイ派の人と徴税人」の譬え（一八・九〜一四）を連想させる。両方とも悔い改めの重要性を特に強調するルカの傾向を表している（五・三二、一五・七、一〇、一八〜二四）。イエスの前で罪を告白し、赦され、イエスの弟子とされたペトロは、ルカにとって、キリスト者の救いの範例である。

教会の指導者にふさわしく

ルカはマルコ福音書に顕著な弟子の無理解（八九頁以下）を緩和している。無理解は使徒言行録で報じられるべき十二人――特にペトロ――の使徒としての地位と職務にふさわしくないとルカは考えたのであろう。福音書著者はイエスの受難予告に対するペトロの無理解とそのペトロに対するイエスの叱責を伝えるマルコの記事（八・三一～三三）を省く。山上でイエスの変容に接したペトロがイエスの十字架への道行きを妨《さまた》げるような愚かな提案をしたのは、無理解のゆえ（マルコ九・六）ではなく、「ひどく眠かった」ので、「自分でも何を言っているのか、分からなかった」からである（ルカ九・三二～三三）。

受難物語においてもルカはペトロをかばいつづける。オリーブ山でイエスが祈っている間に眠ってしまったのは特にペトロ、ヤコブ、ヨハネの三人だけではなく、「弟子たち」である（二二・三九～四六）。ここでは――マルコ一四・三七とは異なり――イエスが名指しでペトロを叱るということはない。イエスが弟子たちのところに戻って来るのはマルコ、マタイにおけるように三度ではなく、一度だけである。そのとき彼らが眠り込んでいたのは「悲しみの果て」のことであったと、ルカは同情的な説明を加える（二二・四五）。イエスの逮捕の場における弟子たちの逃走とそれを予告するイエスの言葉（マルコ一四・二七、五〇）は、ルカ福音書にはもはや見出されない。むしろルカは――そしてルカだけが――弟子たちがイエスの種々の試練の中でずっと忠実であったことを積極的に評価するイエスの言葉を書き記しているのである（二二・二八）。

兄弟たちを力づける

この福音書でもイエスはたしかにペトロの否認を予告する（二二・三四）。しかしその前に、弟子たちに対するサタンの激しい攻撃と、ペトロの特別な使命と、彼のためのイエスの祈りに関する言葉が置かれている。

　シモン、シモン、サタンはあなたがたを、小麦のようにふるいにかけることを神に願って聞き入れられた。しかし、わたしはあなたのために、信仰が無くならないように祈った。だから、あなたは立ち直ったら、兄弟たちを力づけてやりなさい（二二・三一～三二）。

　これもルカの特有記事である。ペトロは他の弟子たちと同様にサタンの激しい攻撃にさらされる。しかも彼は三度もイエスを否認してしまう弱い人間である。その彼はただイエスの祈りによってのみ「立ち直り」、教会の指導者となることができる。そのとき彼が力づけるべき「兄弟たち」とは仲間の弟子たちではない。たしかに彼らはイエスの受難に直面してサタンの激しい試みにさらされる。しかし、すでに述べたように、ルカは弟子たちのつまずきの預言や逃走については何も語っていない。彼によれば弟子たちは信仰を失わなかったのである。「兄弟たち」はむしろキリスト者全般を指すものと解すべきであろう（使徒一・一五）。

　こうして、教会の代表的指導者として、迫害とさまざまな艱難の中にいるキリスト者を力づける使命をイエスから与えられたペトロは、そのためには投獄や死をも厭《いと》わない決意をイエスに披瀝《ひれき》する。「主よ、御一緒になら、牢に入っても死んでもよいと覚悟しております」（二二・三三）というペトロの言葉は、もはや否認の予告に対する自信過剰の抗議（マルコ一四・三一）ではなく、イエスから託された使命に対する心からの応答である。その応答が真実であることは後に分かる（二五頁、一四六頁、二二八頁以下）。

イエスの復活の証人

ルカ版の復活物語（二四章）は、女性たちによる空虚の墓の発見と、エマオ途上の二人の弟子に対する復活のイエスの顕現《けんげん》を報じるなかで、二度ペトロに言及している。弟子たちは女性たちから空虚の墓の知らせを聞いてもそれを信じなかったが、ペトロだけは墓に走り、その事実を確認する（一二節）。そしてルカは、教会の最古の復活伝承（第一コリント一五・五）と同様に、ペトロだけに対する復活のイエスの顕現を伝えている。エマオ途上で復活のイエスの顕現に接した二人の弟子が「時を移さず出発して、エルサレムに戻ってみると、十一人とその仲間が集まって、本当に主は復活して、シモンに現れたと言っていた」（二四・三三～三四）。この書き振りは復活の主の顕現に最初に接したのはペトロであることを示唆《しさ》している。

このようにルカは、すでに福音書の編集をとおして、後にエルサレム教会の代表的な指導者となるのにふさわしいペトロを描き出そうとする。

四　使徒言行録

教会の力ある指導者

ルカ福音書の続編として同じ著者によって書かれた使徒言行録の中で、ペトロは教会の力ある指導者・伝道者として登場する。弱いペトロの姿はもはや見られない。彼は土地の代金をごまかしたアナニアとサフィラの夫婦を厳しく叱責し、その結果、彼らは死にいたる（五・一～一一。一五〇頁）。ペトロはイエスと同じように（ルカ四・一四～一五）聖霊に満たされて説教し（四・八以下）、足の不自由な者を癒し、多くの病人を歩けるようにする。中風《ちゅうぶ》の患者を起き上がらせ、死者を生き返らせる（三・一～一〇、五・一五、九・三四～三五、三六～四二）。かつてガリラヤのイエスのもとにユダヤ全土とその周辺から多くの民衆が癒しを求めて集まってきたように（ルカ六・一七～一九）、今やエルサレムの使徒たちのところに付近の町々から多くの人々が病人を連れて来る。特にペトロの評判は高く、彼が通りかかると人々は癒しを求め、「せめてその影だけでも病人のだれかにかかるようにした」（五・一二～一六）。

このようにペトロはイエスからの伝道の委託（ルカ九・一～六）に応《こた》える。そのために迫害され、大祭司の者たちによって捕らえられるが、彼はもはや最高法院でイエスを否認することなく、他の使徒たちと共に大胆にイエスを証《あか》しする（五・一七～三二）。かつてイエスにその決意を表明したとおり（ルカ二二・三二）、彼は教会の指導者・伝道者として投獄され、死の危険にさらされる（一二・一以下）。

ユダヤ人と異邦人への伝道者　イエスの昇天の後、イスカリオテのユダの脱落によって十二人に生じた欠員の補充に指導的な役割を果たしたペトロは（一・一五以下）、五旬祭《ごじゅんさい》の日の説教をとおして三千人ほどの者たちを悔い改めに導く（二・一四〜四二）。ルカによれば、この説教には預言の成就《じょうじゅ》（神の計画の実現）、地上のイエスの働き、ユダヤ人によるイエスの処刑、神によるイエスの復活と高挙、イエスから弟子たちへの聖霊の授与、イエスの復活の証人としての使徒たち、悔い改めの勧めと罪の赦し、聖霊の賜物の約束が含まれている。ペトロは大説教者である。使徒言行録にはこの他にも彼の説教が大小四編収められ（三・一二〜二六、四・八〜一二、五・二九〜三二、一〇・三四〜四三）、それに二つの意見表明（一一・五〜一七、一五・七〜一一）が収められている。

ペトロはユダヤ人への最初の伝道者であるだけではない。コルネリウス物語が示しているように（一〇・一以下）、聖霊の授与を伴う異邦人の回心はペトロの伝道をとおして初めて実現される（一六〇頁以下）。後にペトロはエルサレム会議で、その経験に基づいて、神が異邦人の「心を信仰によって清め」（一五・九）、ユダヤ人も異邦人も「主イエスの恵みによって救われる」（一五・一一）

と証言し、律法から自由なパウロの異邦人伝道を擁護《ようご》する（一六九頁）。

しかしルカはエルサレム会議をもってペトロに関する報告を唐突に打ち切り、以後はもっぱら異邦人への使徒（九・一五）パウロの伝道に紙面を費やす。ルカによれば、「主イエスがわたしたちと共に生活されていた間、つまり、ヨハネの洗礼のときから始まって、わたしたちを離れて天に挙げられた日まで、いつも一緒にいて」、主の復活の証人となるべき（一・二一〜二二。一四九頁）使徒たちの筆頭ペトロは、イエスから初代エルサレム教会への福音の橋渡しとなった弟子たちの中で主要な役割を果たし、さらにまた、世界へのパウロの伝道に道を備えた後、初期教会史の舞台から退場する。このようにルカは、ペトロを神の救いの歴史（救済史）において限定的に位置づけている。もちろんペトロとパウロという二人の偉大な使徒の間に不一致や対立があってはならない。この意味においてもルカは、アンティオキアでパウロと衝突し、その後おそらく異邦人の地における伝道活動が異邦人への使徒パウロのそれと並行的に行われ、多かれ少なかれ競合関係にあったと考えられ得るペトロの働きについては——少なくとも部分的には知識を持っていたが——書かなかったのであろう。

五　ヨハネ福音書

最初の弟子ではない

ヨハネ福音書においても、ペトロは重要な場面で弟子たちの代弁者として現れる。多くの弟子たちがイエスの説教につまずいてイエスから離れ去ったときに、イエスは十二人に「あなたがたも離れて行きたいか」と問うが、その問いに対してペトロは彼らを代表し、「主よ、わたしたちはだれのところへ行きましょうか。あなたは永遠の命の言葉を持っておられます。あなたこそ神の聖者であると、わたしたちは信じ、また知っています」と告白する（六・六六〜六九）。マタイ、マルコ、ルカの各福音書におけるペトロの告白を連想させる（九七頁以下）。しかしヨハネ福音書では、ペトロはもはや最初の弟子ではない。彼は兄弟アンデレをとおして初めてイエスに出会う（六九頁以下）。その後ペトロは、前述の六章六六〜六九節を別にすれば、「アンデレとペトロの町ベトサイダ」（一・四四）、「シモン・ペトロの兄弟アンデレ」（六・八）という短い語句のほかには、最後の晩餐にいたるまで姿を見せない。

洗足を理解できない

その場面で、ヨハネはペトロの無理解を際立たせている（一三・一〜一一。一二〇頁以下）。ヨハネから見れば、ペトロが最初その洗足を拒もうとした

ペトロの足を洗うイエス　ブラウン、1851～56年。ロンドン、テート-ギャラリー

のは、たんにイエスに対する畏敬《いけい》の念からでも謙遜《けんそん》からでもなく、洗足によって予示されているイエスの十字架の死を受容することができなかったからである。「もしわたしがあなたを洗わないなら、あなたはわたしと何のかかわりもないことになる」というイエスの言葉には、イエスの死を受容できないペトロの無理解に対する批判が込められている。その意味でこの物語は、イエスの受難予告に対するペトロの拒絶反応とそのペトロに向けられたイエスの叱責とを報じるマルコ八・三一～三三の記事に通底する。

　ペトロはさらに無理解を露呈する。このイエスの言葉を理解できずに、足だけでなく、手も頭も洗ってほしいと願うペトロに対して、イエスは謎めいた言葉で答える。「既に沐浴した者は洗わなくてよい。全身が清いのである」（一〇節。「洗わなくてよい」の代わりに「足のほかには洗わなくてよい」と読む本文がある。『聖書　新共同訳』、岩波書店版『新約聖書』などはこの読み方を採用）。ここで福音書著者が「沐浴する」を意味する動詞を「(足を)洗う」と同義的に用いているとすれば、この難解な言葉は、すでにイエスの洗足にあずかった者はそれによって象徴されているイエスの死にあずかり、罪から完全に清められている（すなわち「全身が清い」）ので、それ以上の清めを必要としない、と解することができよう。いずれにせよ、ペトロはこの洗足の象徴的意味をまだ理解することができず、今度は、あたかも水そのものに清めの力があるかのごとくに誤解し、手も頭も洗ってもらえばよりいっそう清められると思ったのである。

イエスの愛しておられた弟子　この福音書のペトロはもはや弟子たちの中の第一人者（マタイ一〇・二）ではない。「イエスの愛しておられた弟子」といわれる一人の無名の人物が、イエスに対してペトロより近くに位置し、また、ペトロには与えられていない重要な役割を果たしているのである。

最後の食事の席で、この愛《まな》弟子《でし》はイエスの胸もとに寄りかかっている。イエスが弟子の一人による裏切りを予告するとペトロはその裏切り者がだれであるかをイエスに尋ねるように、彼に合図を送らなければならない（一三・一八〜三〇）。すでに言及した（一一八頁）レオナルド＝ダ＝ヴィンチの「最後の晩餐」では仲間の一人がイエスを裏切ることをイエスから聞かされて当惑する弟子たちの中で、ペトロはすでに右手にナイフを握っている。裏切り者を殺そうとしているかのごとくに。しかしナイフのことは福音書には書かれていない。後にイエスを逮捕しに来た大祭司の手下の右の耳を切り落とした者をペトロと同一視するヨハネ一八・一〇の記事が、巨匠の念頭にあったのだろうか。その絵にはイエスに対するペトロの愛と忠誠、それに彼の激しい気性を読み取ることができるかもしれない。だがヨハネによれば、大祭司の手下の耳を切り落としたペトロの行動は、イエスの受難が神の定めであることを理解していない証拠である（一八・一一）。それだけではない。ペトロが剣を抜いたのは、イエスの国がこの世のものではないことを弁《わきま》えていなかったからでもある（一八・三六）。

　ヨハネによれば逮捕されたイエスに従ったのはペトロだけではない。彼は「もう一人の弟子」と一緒だった。ペトロは大祭司の知り合いであるこの弟子の仲介によって大祭司の屋敷の中庭に入ることができたのである（一八・一五〜一六）。ヨハネはこの「もう一人の弟子」と「イエスの愛しておられた弟子」を同一視しているように思われる（二〇・二）。いずれにせよ、ペトロだけがその中庭で三度イエスを否認してしまう（一八・一七以下）。

　そのペトロとは対照的に、「イエスの愛しておられた弟子」はイエスの十字架のもとにイエスの母と共に立ち、イエスの言葉に従って彼女を自分の家に引き取る（一九・二五〜二七）。イエスが復活した朝、ペトロと愛弟子はイエスの墓が空虚であることをマグダラのマリアから知らされ、墓に走るが、愛弟子のほうがペトロよりも先に着く。二人とも墓に入ったが、その空虚の墓を見てイエスの復活を信じたのはペトロではなく、愛弟子であった（二〇・一〜一〇）。ヨハネは、ルカ（二四・三四。二二七頁）とは異なり、復活のイエスが最初にペトロだけに現れたことを語っていない。

この福音書では、復活のイエスの顕現に最初に接したのはマグダラのマリアである（二〇・一一～一八）。

ヨハネ福音書の補遺

　今日では定説となっているように、ヨハネ福音書は本来二〇章で終わっていた。二一章は後から福音書の編集者が付け加えた補遺である。この章でもペトロは、復活のイエスの顕現との関連で、「イエスの愛しておられた弟子」と対比されている。ティベリアス湖（ガリラヤ湖）の岸に立つ者が復活のイエスであることに最初に気づいたのは愛弟子であって、ペトロではない。「イエスの愛しておられたあの弟子がペトロに、『主だ』と言った。シモン・ペトロは『主だ』と聞くと、裸同然だったので、上着をまとって湖に飛び込んだ」（七節）。ペトロは驚愕《きょうがく》と歓喜のうちに急いでイエスのもとに行こうとしたのか。否、むしろ彼は自分が否認したイエスの前から慌《あわ》てて逃げだそうとしたのではなかろうか。「恐れと罪責感と狼狽《ろうばい》がペトロを動かす」（P. Perkins, p.99）。

　しかしあの夜、三度イエスを否認したペトロは、今や復活のイエスと弟子たちとの食事の後、イエスの三度の問いに答えて、主に対する愛を三度告白する。そして、その愛のゆえに、イエスから教会の牧者に任命される（一五～一九節）。しかし同時に、イエスはペトロの殉教を予告する（二〇一頁以下）。良い羊飼いであるイエスが羊のために命を捨てたように（一〇・一一）、ペトロもイエスと教会のために殉教したことを読者はすでに知っている。ペトロはこのようにしてイエスの死にあずかる。彼もまたイエスと同じように良い羊飼いである。

ここでペトロは高く評価されている。たしかにその評価にいささか翳《かげ》りがあることは否めない。イエスから殉教を予告されたペトロは「イエスの愛しておられた弟子」の将来についてイエスに尋ねるが、それはペトロには関係のないことであると言われてしまう。イエスの答えにはペトロの無理解に対する叱責さえ感じられる。しかし彼はイエスに対する真実の愛を告白し、それに基づき、イエスを信じる者たちの群を委ねられ、そのために殉教する。一方、愛弟子は殉教することなく、生き残り、イエスについて真実の証しをし、福音書を書いたと言われる（二一・二四）。ペトロと愛弟子はここでも対照的である。しかし二人ともそれぞれの仕方でイエスに従い、イエスからそれぞれに委ねられた使命を果たすのである。

右に述べたように、本来のヨハネ福音書（一～二〇章）も補遺（二一章）も、ペトロと「イエスの愛しておられた弟子」とを対比的に描いている。この対比的描写には、ヨハネの共同体の主張を見ることができる。その共同体の人々は他の諸共同体で認められている宣教と牧会における大使徒ペトロの重要性を否定しないが（あるいは、否定することはできないが）、たしかに相対化している。

六　パウロの手紙

パウロの手紙にはペトロ／ケファの名前が他のだれよりも多く現れる（ペトロ二回、ケファ八回）。すでに述べたように（一四六頁以下）、パウロは回心から三年後にエルサレムに行ったとき、初対面のペトロのもとに一五日間も滞在した。それは彼が、福音の理解と伝道について、エルサレム教会で最も影響力のある指導者ペトロと詳しく話し合う必要を感じたからであろう。

同等の使徒

それから一四年後のエルサレム会議で、エルサレム教会の「おもだった人たち」がユダヤ主義の立場を取らず、律法から自由な彼の異邦人伝道を認めたことをパウロは強調している（ガラテヤ二・六）。彼らは「わたしに与えられた恵みを認め、……わたしとバルナバに一致のしるしとして右手を差し出しました」（二・九）。ここで、「わたしに与えられた恵み」とは使徒への召命の恵み、すなわち「ペトロと対等の使徒職」（佐竹明『ガラテア人への手紙』一六〇頁）へ召し出されたという恵みである。したがって、「この人たちがそもそもどんな人であったにせよ、それは、わたしにはどうでもよいことです」（ガラテヤ二・六）。彼は「人々からでもなく、人を通してでもなく、イエス・キリストと、キリストを死者の中から復活させた父である神とによって使徒とされた」のである（一・一）。キリストからペトロがユダヤ人への使徒職を与えられたように、パウロには異邦人への使徒職が与えられている（二・八）。二人とも使徒として教会に仕え、教会によって支えられる権利を持つ（第一コリント三・二二、九・五）。

競合と一致

このようなパウロの発言は、彼が使徒としてペトロと対等であることを強く主張しなければならない状況にあったことを示唆する。コリント教会における「ケファにつく」者たちの存在もパウロの宣教と教会形成にとって看過し得ない妨げとなった（第一コリント一・一二）。だがこの分派にペトロ自身がどれほど、どのように関与したかは明らかでない。それ以上にパウロを苦しめた「偽使徒たち」（第二コリント一一・一二〜一五）に関するパウロの書き振りも分かりにくいが、彼らはペトロの伝道活動からコリントに遣わされたのではなかろうか。この不明瞭な記述の背後にも、伝道圏が部分的に重なる二人の使徒の間の競合関係と緊張が潜《ひそ》んでいるように思われる。そもそもエルサレム会議における二人の使徒の伝道対象の区分に関する取り決め（ガラテヤ二・九）は、パウロによって強調されているが、実際には貫徹が難しいものであった（一六九頁以下）。

だが彼らに書き送ったパウロの手紙には——キリストが教会の唯一の岩であるという主張がペトロを意識したものであるにせよ（第一コリント三・一〇〜一一。一八五頁以下）——、アンティオキアの衝突（ガラテヤ二・一一〜一四）を別にすれば、ペトロ自身に対する直接の批判は見られない。むしろパウロは、キリストの死と復活に関する彼の基本的宣教内容とペトロをはじめとするエルサレムの使徒たちのそれとの同一性を――「偽使徒たち」への不明瞭な言及とは対照的に――明言している（第一コリント一五・一〜一一）。あるいは、そうせざるを得なかったのかもしれない。パウロにとってペトロはきわめて重要な、気になる存在でありつづけた。

七　ペトロの手紙一

新約聖書にはペトロの名を冠した文書が二つ収められているが、いずれもこの使徒の名によって書かれた偽書で、彼の大きな権威を前提している。

パウロとの結びつき　ペトロの手紙一の宛先は広範におよび、パウロの伝道圏とも部分的に重なっている（一・一。一八二頁）。ペトロはその地方の諸教会にパウロと同じように「イエス・キリストの使徒」としての権威をもって手紙を書く（一・一）。彼はまた「長老の一人」でもあるが、他の長老たちと同列に置かれるのではなく、非常に広い範囲にわたって存在する諸教会の長老たちに対して「神の羊の群れ（教会の信徒たち）」の指導と世話に必要な指示を与える、権威者である（五・一以下）。しかしこの手紙には、パウロの手紙の中に示唆されているようなパウロとペトロとの間の緊張関係を思わせる要素はまったく見られない。むしろここにはキリストの贖罪《しょくざい》死（二・一八〜一九、二・二四）、国家権力への服従（二・一三〜一七）などの教えにおいてパウロの影響が認められ、しかも手紙はパウロの伝道旅行の同伴者であったシルワノ（第一テサロニケ一・一、第二テサロニケ一・一、第二コリント一・一九）をとおして書かれたものとされている（五・一二）。このようにしてペトロは明らかにパウロと結びつけられている。

殉教者

この手紙のペトロは（おそらく九〇年代にドミティアヌス帝の）迫害の中で苦しむ小アジアの諸教会に対して、イエス＝キリストの受難の証人として、すなわちキリストの受難を宣《の》べ伝え、かつその受難と栄光にあずかる者として、勧めの言葉を語る。「愛する人たち、……キリストの苦しみにあずかればあずかるほど、喜びなさい。それは、キリストの栄光が現れるときにも、喜びに満ちあふれるためです」（四・一二〜一三）。キリスト者は現在キリストの苦難にあずかり、終末のときに彼の栄光にあずかる。これもパウロのキリスト教的実存理解に通じる（ローマ八・一七、フィリピ三・一〇〜一一）。

羊のために命を捨てた良い羊飼いイエスのように（ヨハネ一〇・一一）、ペトロは、「神の羊の群れを牧する」長老として殉教する。このペトロ像はヨハネ二一章のそれに通じる（二三六頁）。殉教者ペトロは、迫害の時代を生きるキリスト者の手本である。四福音書やパウロの手紙とは異なり、この手紙のペトロにはいかなる弱さの陰も失敗も見出されない。

八　ペトロの手紙二

遺言としての手紙

二世紀半ばに書かれたペトロの手紙二は、新約聖書の中で最も遅く成立した文書である。ここでペトロは先ず「イエス・キリストの僕《しもべ》、使徒」として自己を紹介する（一・一）。「僕」と「使徒」の並置は、イエスから託された教会の指導と伝道においてイエスに仕える者としてのペトロの権威を表している。

そのペトロは今や自分の殉教の死が近いことを知り、遺言としてこの手紙をしたためる。パウロがエフェソの教会の長老たちへの告別説教の中で、あるいは彼の伝道の協力者テモテに書き送った遺言の中で述べているように（使徒二〇・二九以下、第二テモテ三・一〜九）、ペトロも偽教師たちが教会に現れるにちがいないと予告し、彼らに関して信徒たちに厳しい警告を与える（二・一以下）。偽教師たちは放縦な生活に溺《おぼ》れているだけでなく（二・二、一三以下）、キリストの再臨を否定する（三・一以下）。

教会の正しい教えの守護者　これに対してペトロは、山上の変容の際に現れたキリストの威光を証言する。そのときキリストが神から受けた誉れと栄光は、再臨の主の誉《ほま》れと栄光を予示するものである。さらにペトロは、旧約聖書を引き合いに出して、キリストの再臨が確かであることを主張する（一・一六以下）。キリストの再臨の遅れに失望し、偽教師たちの説くところに惹かれていく信徒たちもいた。しかし、神の計画の中に在る時というものを人間の基準で計ってはならない。「主のもとでは、一日は千年のようで、千年は一日のようです」（三・八）。

おそらく偽教師たちは彼らの聖書解釈に基づいて自説を展開していたのであろう。しかしその聖書解釈は間違いである。「聖書の預言は何一つ、自分勝手に解釈すべきではない」（一・二〇）。それだけではない。彼らはパウロの手紙も「聖書のほかの部分と同様に曲解し、自分の滅びを招いている」（三・一六）。もちろんここでパウロ自身が批判されているわけではない。むしろパウロはペトロにとっても「愛する兄弟」である（三・一五）。パウロの手紙には理解しにくい個所もあるが、彼は「神から授かった知恵に基づいて」書いたのである（三・一五）。ここではすでにパウロの複数の手紙が旧約聖書と並んで権威ある文書とされている。そしてペトロは、教会の正しい教えの守護者として、旧約聖書と使徒的文書の解釈の正否を判定する権限を持つ者となっているのである。

おわりに

われわれはペトロが生きた世界を概観した後、新約聖書をはじめとする諸史料を手掛かりにペトロの生涯をたどることを試み、彼の墓をめぐる問題にも触れた。最後に付した補遺は新約聖書諸文書の多様なペトロ像の素描である。

　イエスの弟子となる前のペトロについて知り得ることはごく僅《わず》かである。イエスの弟子、教会の使徒としての彼の生と死についても、史料の性質上、多くの点で不確かさが残る。新約聖書をはじめとする諸史料が呈する多様なペトロ像の背後にあるこの使徒の実像に迫ることはかなり難しい仕事であるが、その骨子はほぼ次のように描き出すことができよう。

　彼はベトサイダに生まれ――結婚後に？――カファルナウムに移り、姑も一緒に住む。実名はシモン。ガリラヤ湖の漁師であった。兄弟アンデレと共にイエスの弟子とされた。イエスからペトロという添え名をつけられ、神の国の到来を告げ知らせるイエスに従い、その運動に加わった。心底からイエスを愛し、イエスのためなら命をも捨てる覚悟を披瀝《ひれき》しながら、そのイエスが逮捕されるや、保身のために師との関係を否認してしまう。この否認とそれに続くイエスの十字架の死は彼に癒しがたいトラウマを残したにちがいない。しかし、イエスの刑死後まもなく、イエスの一番弟子として、また、イエスの顕現《けんげん》に最初に接した者として、イエスの復活を証言する使徒、エルサレム教会の代表的指導者となる。教会の成立にも、信仰と実践の両面で、指導的な役割を果たした。やがてヘロデ＝アグリッパ一世の迫害を避けてエルサレムを離れ、おもにユダヤ人に伝道をするが、異邦人をその対象から外したわけではなく、その伝道はパレスチナの沿岸地方やサマリアにも及んだ。伝道旅行にはキリスト者である妻も同行した。

　その間、エルサレム会議に出席し、律法から自由なパウロの異邦人伝道を擁護《ようご》したが、その後アンティオキア教会でユダヤ人キリスト者と異邦人キリスト者との共同の食事をめぐってパウロと激しく衝突。両者の間に深い溝が生じる。比較的長期にわたって滞在したアンティオキアを離れてからは、おそらく小アジアおよびさらに西方でディアスポラのユダヤ人と異邦人にも伝道し、その活動範囲は異邦人への使徒パウロの伝道圏と重なるところがあったであろう。こうして二人の使徒の伝道活動は部分的に競合関係にあり、アンティオキアの衝突の深い傷も癒えず、両者の間には少なからず緊張が生じたものと思われる。特にコリントの教会に関しては、ペトロの存在は――彼のコリント滞在の有無にかかわらず――教会の一致を脅かす深刻な影響を及ぼしたにちがいない。

　後に、人生の最後の何年かをローマで過ごした二人がそこで再会したかどうかは、まったく分からない。だが、ユダヤ人が「大バビロン」と呼んだその都市で、二人が別々に、別の仕方で処刑されたことは事実である。ペトロはネロ帝の迫害の中で、パウロはその数年前に、殉教した。

　ペトロの思想についても、彼自身が書き残した文書はなく、確実なことは言えない。しかしおそらく、イエスの生前ペトロはイエスに民族的・政治的メシアを期待しつづけたのではなかろうか。処刑を覚悟でエルサレムに向かうイエスを理解することができず、師の受難予告に強く反発したが、イエスの刑死後まもなく、イエスの顕現に最初に接し、彼の復活を信じた。顕現体験から復活信仰が生じたのである。ペトロにとって、イエスとのこの新しい出会いはあの恥ずべき否認の罪の赦《ゆる》しを意味したことであろう。それは癒しがたいトラウマの癒しではなかったか。今やペトロにとってイエスは民族的・政治的メシアとしてではなく、愛に徹して生き、処刑されたメシアとして復活したのである。

　こうしてイエスの死は弟子たちの間でまったく新しく解釈される。それはメシア運動の屈辱的な挫折ではなく、苦難の僕《しもべ》についての聖書の預言を実現する贖罪《しょくざい》の死であると。そしてイエスの復活は終末時に期待される死者の復活の初穂《はつほ》として受けとめられた。この最初期エルサレム教会の信仰は、その教会の代表的指導者ペトロに負うところが大きかったにちがいない。

　使徒時代の教会においてきわめて重要であった律法と異邦人伝道の問題に対して、ペトロはユダヤ主義の立場を取らなかった。初期キリスト教の中に、ペトロによって指導される律法主義的なユダヤ人キリスト教と、律法から自由なパウロ的キリスト教の対立を見ることは誤りである。いわんや彼がパウロの建てた諸教会でイエスの兄弟ヤコブの代理としてユダヤ化のために活動したと見ることはできない。伝道活動において考えられ得るパウロとの間の緊張にもかかわらず、律法問題に関してペトロはヤコブとパウロの間に立つというよりはむしろパウロに近い。イエスの活動の大きな特色をなす、律法から自由な振舞《ふるま》いと、同胞の中の「罪人や徴税人」、さらに異邦人に対する開かれた言動は、後に、教会における律法と福音という重要な問題に対するペトロの態度に多かれ少なかれ影響を及ぼしたことであろう。

　復活のイエスとの出会いを境に、ペトロにとってイエスはまったく新しいリアリティーとなった。しかし、ガリラヤからエルサレム、さらにはアンティオキア、小アジアとその西方の地を経て最後にローマにいたるペトロの道は、「わたしについてきなさい」というイエスの呼びかけに応《こた》え、イエスに従う道であった。だがその道は、アンティオキアの教会における共同の食事をめぐるパウロとの衝突からも分かるように、けっして平坦ではなかった。それは随従と挫折、期待と幻滅、愛と裏切り、大胆と恐れ、確信と迷い、強さと弱さ、トラウマと癒しによって彩られた戦いの道であった。そして、殉教をもって終わる。ナザレのイエスとの出会いのゆえにペトロはその道を歩みはじめた。その道には初期キリスト教の成立と展開の歴史の厳しさと希望が刻み込まれている。

　ネロ帝の迫害の中で殉教の死を遂げたと考えられるペトロの遺体はどうなったのか、その墓はバチカンのサン - ピエトロ大聖堂の地下にあるのか。議論が戦わされてしかるべきである。しかし本書におけるわれわれの主要な関心事は、もちろんペトロの墓の所在ではなく、人間としての強さと弱さの中でイエスに従ったこの男の生と死である。それは絶えざる探求を要求する。

末尾になったが、本書執筆の機会を与えてくださった清水書院の清水幸雄氏、出版にあたり種々ご配慮をいただいた常務取締役・編集部長渡部哲治氏、きめこまかい編集の労をとってくださった佐野理恵子氏に心から謝意を表したい。また、日本キリスト教会札幌桑園教会の河野行秀牧師からヨルダン川ヤルダニット洗礼所（三九頁）、ガリラヤ湖南（五八頁）、ガリラヤ湖西岸の湖底で発見された古代の舟（六一頁）の写真を提供していただいた。ご好意に深く感謝する。

ペトロ関連年表

西暦	キリスト教	ユダヤ、ローマ他
紀元前六三		パレスチナ、ローマの属州シリアに編入。
四〇		ヘロデ、ローマ元老院によりユダヤの王に任命。
二七		オクタヴィアヌス、元老院からアウグストゥスの称号を受ける。ローマ元首政はじまる。
四		ヘロデ大王没。領土は三子に分割。アルケラオスがユダヤ、イドマヤ、サマリアの民族指導者（〜六）、ヘロデ＝アンティパスがガリラヤ、ペレアの分封領主（〜三九）、フィリポがトランスヨルダン北部の分封領主（〜三四）となる。
紀元後六		アルケラオス追放。ユダヤ、イドマヤ、サマリアはローマの属州となる。

		ガリラヤのユダの叛乱。
一四		アウグストゥス没。
		ティベリウス帝即位（～三七）。
二六		ポンティウス＝ピラトゥス、ユダヤの総督となる（～三六）。
二七頃		洗礼者ヨハネ出現。
二九頃	イエス、伝道を開始。	洗礼者ヨハネの処刑。
	ペトロ、イエスの弟子となる。	
三〇	イエスの十字架刑。	
	エルサレム教会成立。**ペトロ、その代表的指導者となる**（～四二頃）。	
三二頃	エルサレム教会におけるヘブライオイとヘレーニスタイの対立。	
	パウロ、キリスト教会を迫害。	
	ステファノ殉教。	
	エルサレム教会に対する大迫害により、ヘレーニスタイ離散。	
三三頃	パウロの回心。	
三五頃	**ペトロ、エルサレムにてパウロの訪問を受**	

三七	**ける（一五日間）。**	ガイウス帝（カリグラ）即位（〜四一）。
三七頃		ガイウス帝、ヘロデ＝アグリッパ一世をトランスヨルダン北部の王に任命（〜四四）。
三九		ヘロデ＝アンティパス追放。
四〇		ガイウス帝、ガリラヤ、トランスヨルダンのペレアをヘロデ＝アグリッパ一世の王国に加える。
四〇頃		ガイウス帝、エルサレム神殿に自分の立像を設置しようとする（四一年に挫折）。
四一		クラウディウス帝即位（〜五四）。 クラウディウス帝、ヘロデ＝アグリッパ一世の王国にユダヤ、サマリアを加える。
四二頃	ヘロデ＝アグリッパ一世、エルサレムでキリスト教を迫害。 ゼベダイの子ヤコブ殉教。 **ペトロの逮捕、投獄、救出。** **ペトロ、エルサレムを離れる。** 主の兄弟ヤコブ、ペトロに代わりエルサレ	フィロン『ガイウスへの使節』（四一年頃？〜？）

	ム教会の最高指導者となる。	
四四		ヘロデ＝アグリッパ一世没。 パレスチナ全土、ローマのシリア州に編入。
四六		ティベリウス＝アレクサンドロス、ユダヤの総督となる（〜四八）。
四七頃		ユダヤの大飢饉。
四八頃	エルサレム会議。	
四九頃	アンティオキアの衝突。 ペトロ、アンティオキアに滞在、小アジアおよびその西方で伝道（〜？）。	クラウディウス帝、ローマからユダヤ人を追放。
		ヘロデ＝アグリッパ二世（〜九二頃）。 クラウディウス帝、ヘロデ＝アグリッパ二世にエルサレム神殿の管理権と大祭司の任命権を与える。
五〇頃〜五二頃	パウロ、コリントに滞在（一八ケ月）。	
五二		フェリクス、パレスチナの総督となる（〜六〇）。
五三		クラウディウス帝、ヘロデ＝アグリッパ二世にかつてのフィリポの全領土を与える。
五三頃	ペトロ、コリントに滞在？	

五三頃～五五頃	パウロ、エフェソ滞在（約二年）。コリントの信徒への手紙一、ガラテヤの信徒への手紙、コリントの信徒への手紙二他を執筆。	
五四		ネロ帝即位（～六八）。
五五頃～五六頃	パウロ、コリント滞在（三ヶ月）。ローマ人への手紙を執筆。	
五六頃	パウロ、献金を携え、エルサレムへ。逮捕。	
五六以後？	**ペトロ、ローマに滞在。**	
五九頃？	パウロ、ローマで殉教。	
六〇		フェストス、パレスチナの総督となる（～六二）。
六一		ネロ帝、ヘロデ＝アグリッパ二世にかつてのヘロデ＝アンティパスの領土の一部を与える。
六二	イエスの兄弟ヤコブ、エルサレムで殉教。	
六四	**ペトロ、ローマで殉教。**	ローマの大火。ネロ帝によるキリスト教迫害。
六六？	エルサレムのキリスト者、ペラへ退去（あ	

	るいは六八）。	
六六		ユダヤ戦争（～七三）。
六九		ヴェスパシアヌス帝即位（～七九）。
七〇		エルサレム陥落、神殿炎上。
七〇代前半	マルコ福音書。	
七三		マサダの砦陥落。
七五／七九		ヨセフス『ユダヤ戦記』。
七九		ティトゥス帝即位（～八一）。
八一		ドミティアヌス帝即位（～九六）。
八〇代	ルカ福音書。	
八〇代後半／九〇代前半	使徒言行録。	
九〇代	マタイ福音書、ペトロの手紙一、ヨハネ黙示録。	ドミティアヌス帝、キリスト教迫害。
九三／九四		ヨセフス『ユダヤ古代誌』。
九〇代半ば頃		ヨセフス『アピオンへの反論』。
九六頃	『クレメンスの手紙一』。	
九〇代後半	ヨハネ福音書。	
九八		トラヤヌス帝即位（～一一七）。

一〇〇頃	『預言者イザヤの殉教と昇天』へのキリスト教的付加。	
一〇四／九		タキトゥス『歴史』。
一一〇頃	イグナティオスの手紙。	
一一二頃		プリニウスの書簡。
一一七		ハドリアヌス帝即位（～一三八）。
一一七頃		タキトゥス『年代記』。
一二〇頃		スエトニウス『ローマ皇帝伝』。
二世紀前半	『ペトロ黙示録』、『ヘブライ人福音書』。	
一三〇頃	パピアス『主の言葉の解釈』。	
一三二		バルコホバの叛乱（～一三五）。
一三五頃？	『バルナバの手紙』。	
二世紀半ば	ペトロの手紙二、『ペトロ福音書』。	アプレイウス『黄金のろば』。
一五〇／五五	ユスティノス『第一弁明』。	
一六〇頃	ユスティノス『トリュフォンとの対話』。	
一六一		マルクス＝アウレリウス帝即位（～一八〇）。
一七〇頃	ディオニュシオスの手紙。	
一八〇頃	ヘゲシッポス没。	
一八〇／八五	エイレナイオス『異端反駁』。	

一八〇代	『ペトロ行伝』。	
一九七頃	テルトゥリアヌス『護教論』。	
二〇〇／〇二頃	アレクサンドリアのクレメンス『ストロマテイス』。	
三世紀初め	**ガイウス『対話』、ペトロのトロパイオンに言及。**	
二一七／二二	テルトゥリアヌス『貞節について』。	
二四八頃	オリゲネス『ケルソス駁論』。	
三〇六		コンスタンティヌス帝即位（～三三七）。
三一三		ミラノ寛容令。
三二五頃	エウセビオス『教会史』。	
三四〇／五〇	ヒエロニムス（～四一九／二〇没）。	
三五〇頃	**バチカンに旧サン・ピエトロ大聖堂完成（三一九頃?・着工）。**	

参考文献

●邦訳史料

［聖書］

『聖書 新共同訳 旧約聖書続編つき』———日本聖書協会 一九八七

新約聖書翻訳委員会『新約聖書』I〜V———岩波書店 一九九五〜九六

田川建三訳著『新約聖書 訳と註 1 マルコ福音書／マタイ福音書』———作品社 二〇〇八

田川建三訳著『新約聖書 訳と註 3 パウロ書簡 その一』———作品社 二〇〇七

K・アーラント『四福音書対観表』（K. Aland, Synopsis Quattuor Evangeliorum）の「ギリシア語—日本語版」（荒井献・川島貞雄監修）———日本基督教団出版局 二〇〇〇

佐藤研編訳『福音書共観表』———岩波書店 二〇〇五

［旧約偽典］

「シビュラの託宣」 柴田善家訳（日本聖書学研究所編『聖書外典偽典』3）———教文館 一九七五

「シリア語バルク黙示録」 村岡崇光訳（日本聖書学研究所編『聖書外典偽典』5）———教文館 一九七六

「ソロモンの詩篇」 後藤光一郎訳（日本聖書学研究所編『聖書外典偽典』5）———教文館 一九七六

「ピルケ・アボス」 石川耕一郎訳（日本聖書学研究所編『聖書外典偽典』3）———教文館 一九七五

「ヨベル書」 村岡崇光訳（日本聖書学研究所編『聖書外典偽典』4）———教文館 一九七五

［新約外典］

荒井献『トマスによる福音書』———講談社 一九九四

カレン・L・キング著、山形孝夫・新免貢訳『マグダラのマリアによる福音書　イエスと最高の女性使徒』　河出書房新社　二〇〇六

「ペテロ行伝」小河陽訳（日本聖書学研究所編『聖書外典偽典』7）　教文館　一九七六

「ペテロ福音書」田川建三訳（荒井献編『新約聖書外典』《聖書の世界》別巻3・新約Ⅰ）　講談社　一九七四

「ペテロ福音書」小林稔訳（日本聖書学研究所編『聖書外典偽典』6）　教文館　一九七六

「預言者イザヤの殉教と昇天」村岡崇光訳（日本聖書学研究所編『聖書外典偽典』別巻　補遺Ⅱ）　教文館　一九八二

［使徒教父］

「イグナティオスの手紙」八木誠一訳（荒井献編『使徒教父文書』《聖書の世界》別巻4・新約Ⅱ）　講談社　一九七四

「クレメンスの手紙　コリントのキリスト者へ（Ⅰ）」小河陽訳（同右）

「バルナバの手紙」佐竹明訳（同右）

［教父］

エイレナイオス著、小林稔訳『異端反駁』Ⅲ・Ⅳ（『キリスト教教父著作集』3／Ⅰ、3／Ⅱ）　教文館　一九九九、二〇〇〇

エウセビオス著、秦剛平訳『教会史』1〜3　山本書店　一九八六〜八八

オリゲネス著、出村みや子訳『ケルソス駁論』Ⅰ（『キリスト教教父著作集』8）　教文館　一九八七

テルトゥリアヌス著、鈴木一郎訳『護教論』（『キリスト教教父著作集』14）　教文館　一九八七

テルトゥリアヌス著、木寺廉太訳『貞節について』（『キリスト教教父著作集』16）　教文館　二〇〇二

ユスティノス著、柴田有訳『第一弁明』（『キリスト教教父著作集』1）　教文館　一九九二

［ユダヤ教、ギリシア、ローマ］

アプレイウス著、呉茂一・国原吉之助訳　『黄金のろば』上・下 ―― 岩波書店　一九五六〜五七

スエトニウス著、国原吉之助訳　『ローマ皇帝伝』下 ―― 岩波書店　一九八六

タキトゥス著、国原吉之助訳　『同時代史』 ―― 筑摩書房　一九九六

タキトゥス著、国原吉之助訳　『年代記』上・下 ―― 岩波書店　一九八一〜八六

日本聖書学研究所編　『死海文書――テキストの翻訳と解説』 ―― 山本書店　一九六三

蛭沼寿雄他編　『原典新約時代史　ギリシャ、ローマ、ユダヤ、エジプトの史料による』 ―― 山本書店　一九七六

フィロン著、秦剛平訳　『フラックスへの反論／ガイウスへの使節』 ―― 京都大学出版会　二〇〇〇

F・F・ブルース著、川島貞雄訳　『イエスについての聖書外資料』 ―― 教文館　一九八一

ヨセフス著、秦剛平訳　『アピオーンへの反論』 ―― 山本書店　一九七七

ヨセフス著、秦剛平訳　『ユダヤ古代誌』一八〜一九章・二〇章 ―― 山本書店　一九八〇〜八一

ヨセフス著　『ユダヤ戦記』1・2（新見宏訳）、3（秦剛平訳） ―― 山本書店　一九七五〜八二

ヨセフス著、土岐健治訳　『ユダヤ戦記』1、2 ―― 日本基督教団出版局　一九八二〜八五

●事（辞）典

M・アヴィ＝ヨナ他編、左近義慈他日本語版監修　『聖書考古学大事典』 ―― 講談社　一九八四

馬場嘉市他編　『新聖書大辞典』 ―― キリスト新聞社　一九七一

H・バルツ、G・シュナイダー編、荒井献、H・J・マルクス日本語版監修　『ギリシア語新約聖書釈義事典』I〜III ―― 教文館　一九九三〜九五

B・ライケ、L・ロスト編、荒井献・石田友雄他日本語版編集『旧約新約聖書大事典』 教文館 一九八九

●**注解書**（邦訳されていない外国語文献は除く）

荒井献『使徒行伝』上 新教出版社 一九七七
H・-D・ヴェントラント著、塩谷饒・泉治典訳『コリント人への手紙』 NTD新約聖書註解刊行会 一九七四
大貫隆『マルコによる福音書』I 日本基督教団・宣教委員会 一九九三
川島貞雄・橋本滋男・堀田雄康編『新共同訳 新約聖書注解』I・II 日本基督教団出版局 一九九一〜九三
E・ケーゼマン著、岩本修一訳『ローマ人への手紙』 日本基督教団出版局 一九八〇
佐竹明『ガラテア人への手紙』 新教出版社 一九七四
佐竹明『ヨハネの黙示録』上・下 新教出版社 一九七八〜八九
E・シュヴァイツァー著、佐竹明訳『マタイによる福音書』 ATD・NTD聖書註解刊行会 一九七八
E・シュヴァイツァー著、高橋三郎訳『マルコによる福音書』 ATD・NTD聖書註解刊行会 一九七六
田川建三『マルコ福音書』上 新教出版社 一九七二
U・ルツ著、小河陽訳『マタイによる福音書』（EKK新約聖書註解1／2） 教文館 一九九七
山内真『ガラテア人への手紙』 日本基督教団出版局 二〇〇二

●研究書その他

青野太潮『「十字架の神学」の成立』　ヨルダン社　一九八九

荒井献『イエス・キリスト』　講談社　一九七九

荒井献『イエスとその時代』　岩波書店　一九七四

荒井献「エルサレム原始教団におけるいわゆる『ヘブライオイ』と『ヘレーニスタイ』の問題をめぐって――使徒行伝六章1―6節に関する教会史的考察」（『荒井献著作集』4）　岩波書店　二〇〇一（初出一九六八）

荒井献「初期キリスト教におけるいわゆる『無神論者』とその思想について」（『荒井献著作集』5）　岩波書店　二〇〇一（初出一九七一）

荒井献「第一世紀中期のローマ教会に女性『使徒』は存在したか――ローマの信徒への手紙一六章七節における『ユニアス』または『ユニア』をめぐって――」（青山学院大学同窓会基督教学会『基督教論集』四八）　二〇〇五

石鍋真澄『サン・ピエトロ大聖堂』　吉川弘文館　二〇〇〇

井上洋治『イエスに魅せられた男　ペトロの生涯』　日本基督教団出版局　一九九六

J・エレミアス著、田辺明子訳『イエスの聖餐のことば』　日本基督教団出版局　一九七四

J・エレミアス著、角田信三郎訳『イエスの宣教　新約聖書神学I』　新教出版社　一九七八

上村静『キリスト教信仰の成立――ユダヤ教からの分離とその諸問題――』　関東神学ゼミナール　二〇〇七

U・ヴィルケンス著、中野健一訳『復活――聖書の復活証言の史的研究』　新教出版社　一九七一

ヤコブス＝デ＝ウォラギネ著、前田敬作他訳『黄金伝説』1〜5　人文書院　一九七九〜八七

大貫隆『イエスという経験』　岩波書店　二〇〇三

大貫隆『イエスの時』——岩波書店 二〇〇六
大貫隆『ヨハネによる福音書 世の光イエス』——日本基督教団出版局 一九九六
大宮有博「ルカ文書におけるペトロの人物像」
(青山学院大学同窓会基督教学会『基督教論集』四九)—— 二〇〇五
小河陽『パウロとペテロ』——講談社 二〇〇五
小河陽『マタイによる福音書 旧約の完成者イエス』——日本基督教団出版局 一九九六
小河陽『マタイ福音書神学の研究 その歴史批評的考察』——教文館 一九八四
川島貞雄『マルコによる福音書 十字架への道イエス』——日本基督教団出版局 一九九六
O・クルマン著、川村輝典訳『イエスと当時の革命家たち』——日本基督教団出版局 一九七二
O・クルマン著、荒井献訳『ペテロ 弟子・使徒・殉教者』——新教出版社 一九六五
小林昭雄「アンテオケにおけるペテロとパウロの衝突(ガラテヤ二・一一～二一)をめぐって」
(関西学院大学神学部編『神学研究』一九)—— 一九七一
小林昭雄「原始教会におけるペテロとパウロ——ガラテヤ二・七、八における『ペテロ』の名の
伝承史的、編集史的考察を中心として——」(同誌二一)—— 一九七三
小林昭雄「マルコ福音書に於けるペテロ像——マルコ伝のケリュグマ的意図との関連に於いて——」
(同誌一三)—— 一九六四
佐竹明『使徒パウロ 伝道にかけた生涯』——日本放送出版協会 一九八一
佐藤研『聖書時代史 新約篇』——岩波書店 二〇〇三
佐藤研『悲劇と福音 原始キリスト教における悲劇的なもの』——清水書院 二〇〇一
S・サフライ、M・シュテルン編、池田裕・川島貞雄・関根正雄・土戸清・長窪専三訳
『総説・ユダヤ人の歴史』上・中・下——新地書房 一九八九～九二

H・シェンキェーヴィチ著、木村彰一訳『クオ・ワディス』上・中・下 —— 岩波書店 一九九五

島創平『初期キリスト教とローマ社会』—— 新教出版社 二〇〇一

E・シュタウファー著、川島貞雄訳『イエスの使信 過去と現在』—— 日本基督教団出版局 一九六七

関谷定夫『図説新約聖書の考古学 イエスの生涯と聖地パレスチナ』—— 講談社 一九八一

田川建三『原始キリスト教史の一断面 福音書文学の成立』—— 勁草書房 一九六八

滝澤武人『福音書作家マルコの思想』—— 新教出版社 一九九五

土岐健治『イエス時代の言語状況』—— 教文館 一九七九

土岐健治『初期ユダヤ教と聖書』—— 日本基督教団出版局 一九九四

E・トロクメ著、田川建三訳『使徒行伝と歴史』—— 新教出版社 一九六九

C・K・バレット著、中村民男訳『新約聖書の使徒たち』—— 日本基督教団出版局 一九八六

秀村欣二『ネロ 暴君誕生の条件』—— 中央公論社 一九六七

R・E・ブラウン、K・P・ドンフリード、J・リューマン編、間垣洋助訳『新約聖書におけるペテロ』—— 聖文舎 一九七七

R・ブルトマン著、加山宏路訳『共観福音書伝承史』I・II(ブルトマン著作集1・2)—— 新教出版社 一九八三〜八七

M・ヘンゲル著、川島貞雄・山口雅弘訳『イエスは革命家であったか』—— 新教出版社 一九七四

M・ヘンゲル著、新免貢訳『使徒行伝と原始キリスト教史』—— 教文館 一九九四

M・ヘンゲル著、川島貞雄・早川良躬訳『贖罪 新約聖書におけるその教えの起源』—— 教文館 二〇〇六

M・ヘンゲル著、大庭昭博訳『ゼーロータイ 紀元後一世紀のユダヤ教「熱心党」』—— 新地書房 一九八六

M・ヘンゲル著、長窪専三訳『ユダヤ教とヘレニズム』――日本基督教団出版局　一九八三
保坂高殿『ローマ帝政初期のユダヤ・キリスト教迫害』――教文館　二〇〇三
三好迪『ルカによる福音書　旅空に歩むイエス』――日本基督教団出版局　一九九六
八木誠一『イエス』――清水書院　一九六八
八木誠一『パウロ』――清水書院　一九八〇
山内真『復活　その伝承と解釈の可能性』――日本基督教団出版局　一九七九
山口雅弘『イエス誕生の夜明け　ガリラヤの歴史と人々』――日本基督教団出版局　二〇〇二
弓削達『ローマ帝国とキリスト教』――河出書房新社　一九八九
G・リューデマン著、橋本滋男訳『イエスの復活　実際に何が起こったのか』――日本基督教団出版局　二〇〇一
ダニエル＝ロプス著、波木居斉二・波木居純一訳『イエス時代の日常生活』Ⅰ・Ⅱ・Ⅲ――山本書店　一九六四〜六五

P. Dschulnigg, Petrus im Neuen Testament, Stuttgart, 1996
W. R. Farmer, R. Kereszty, O. Cist, Peter and Paul in the Church of Rome, New York, 1990
J. Gnilka, Petrus und Rom. Das Petrusbild in den ersten zwei Jahrhunderten, Freiburg, 2002
M. Grant, Saint Peter, London, 1994
M. Hengel, Der unterschätzte Petrus, Tübingen, 2006
Israel Department of Antiquities and Museums, An Ancient Boat Discovered in the Sea of Galilee, Jerusalem, 1988
P. Lampe, Artk. Petrus, RGG^{4} VI, 1160, Tübingen, 2003

F. Mussner, Petrus und Paulus - Pole der Einheit. Eine Hilfe für die Kirchen, Freiburg, 1976
R. Pesch, Simon-Petrus, Stuttgart, 1980
P. Perkins, Peter. Apostle for the Whole Church, South Carolina, 1994
K. Quast, Peter and the Beloved Disciple, Figures for a Community in Crisis, Sheffield, 1989
T. V. Smith, Petrine Controversies in Early Christianity, Tübingen, 1985
E. Stauffer, Jesus war ganz anders, Hamburg, 1967
C. P. Thiede, Simon Peter. From Galilee to Rome, Devon, 1986
C. P. Thiede (Hrsg.), Das Petrusbild in der neueren Forschung, Wuppertal, 1987

図版出典

●大理石の聖ペトロ像（七頁）…M. Grant, Saint Peter 口絵 ●アウグストゥス（一九頁）…『旧約新約聖書大事典』三一頁 ●ヨルダン川ヤルダニット洗礼所（三九頁）…河野行秀氏撮影 ●カファルナウムで発掘されたシナゴーグの断面図（四四頁）…『新聖書大辞典』三二八頁 ●ガリラヤ湖南（五八頁）…河野行秀氏撮影 ●ガリラヤ湖西岸の湖底で発見された古代の舟（六一頁）…河野行秀氏撮影 ●ネロ帝（一九五頁）…『旧約新約聖書大事典』八七七頁

さくいん

【人名】

【事　項】

【地 名】

ペトロ■人と思想187　　　定価はカバーに表示

2009年１月20日　第１刷発行Ⓒ
2014年９月10日　新装版第１刷発行Ⓒ

・著　者　…………………………川島《かわしま》　貞雄《さだお》
・発行者　…………………………渡部　哲治
・印刷所　…………………………広研印刷株式会社
・発行所　…………………………株式会社　清水書院

〒102-0072　東京都千代田区飯田橋3-11-6
Tel・03(5213)7151～7
振替口座・00130-3-5283
http://www.shimizushoin.co.jp

検印省略
落丁本・乱丁本は
おとりかえします。

Century Books

Printed in Japan
ISBN978-4-389-42187-8

CenturyBooks

清水書院の〝センチュリーブックス〟発刊のことば

近年の科学技術の発達は、まことに目覚ましいものがあります。月世界への旅行も、近い将来のこととして、夢ではなくなりました。しかし、一方、人間性は疎外され、文化も、商品化されようとしていることも、否定できません。

いま、人間性の回復をはかり、先人の遺した偉大な文化を継承して、高貴な精神の城を守り、明日への創造に資することは、今世紀に生きる私たちの、重大な責務であると信じます。

私たちがここに、「センチュリーブックス」を刊行いたしますのは、人間形成期にある学生・生徒の諸君、職場にある若い世代に精神の糧を提供し、この責任の一端を果たしたいためであります。

ここに読者諸氏の豊かな人間性を讃えつつご愛読を願います。

一九六七年

SHIMIZU SHOIN